对外汉语短期培训系列教材

Application:
Intermediate Chinese
——Reading and Writing

实践汉语
——中级读写

主 编 朱志平 刘兰民
编 者 汝淑媛 舒雅丽
翻 译 李 娜

北京师范大学出版集团
BEIJING NORMAL UNIVERSITY PUBLISHING GROUP
北京师范大学出版社

图书在版编目(CIP) 数据

实践汉语—中级读写/朱志平，刘兰民主编.－北京：北京师范大学出版社，2009.3（2010.5重印）
（对外汉语短期培训系列教材）
ISBN 978-7-303-09505-6

Ⅰ．实… Ⅱ．①朱…②刘… Ⅲ．①汉语－阅读教学－对外汉语教学－教材 ②汉语－写作－对外汉语教学－教材 Ⅳ．H195.4

中国版本图书馆CIP数据核字(2008)第113054号

营销中心电话　010-58802181 58808006
北师大出版社高等教育分社网　http://gaojiao.bnup.com.cn
电子信箱　beishida168@126.com

出版发行：北京师范大学出版社 www.bnup.com.cn
　　　　　北京新街口外大街19号
　　　　　邮政编码：100875

印　　刷：北京联兴盛业印刷股份有限公司
经　　销：全国新华书店
开　　本：184 mm × 260mm
印　　张：14
字　　数：275千字
版　　次：2009年3月第1版
印　　次：2010年5月第2次印刷
定　　价：74.00元(含练习册)

策划编辑：杨　帆　　　责任编辑：杨　帆
美术编辑：高　霞　　　装帧设计：天之赋
责任校对：李　菌　　　责任印制：李　丽

版权所有　侵权必究

反盗版、侵权举报电话：010-58800697
北京读者服务部电话：010-58808104
外埠邮购电话：010-58808083
本书如有印装质量问题，请与印制管理部联系调换。
印制管理部电话：010-58800825

对外汉语短期培训系列教材编写说明

《走近汉语》《实践汉语》《感悟汉语》是为短期来华的汉语学习者编写的一套汉语第二语言教材。它们分别覆盖了从零开始的初、中、高三个级别,每级包括听说和读写各一册。全套教材共六册,涵盖常用汉语词汇2716个,语言点506个。

1. 这套教材的编写基础

在编写这套教材之前,编者对近十年所出版的548种汉语第二语言教材进行了粗略的统计调查,并对其中的23种约80册教材进行了深入细致的考察分析。在此基础上确定了本教材的编写方案。同时,编者还对近300名不同水平阶段的在华留学生进行了课文话题选择和排序的问卷调查(收回有效问卷239份),以确定本教材的内容、所采用的话题及其顺序。该教材的语言点和词汇选择范围主要控制在《高等学校外国留学生汉语教学大纲》(长期进修)之内,但依据北京师范大学汉语文化学院的科研项目"话题与句型基础研究"(朱志平等承担,成果已出版,题为《基础汉语句型交际手册》)的成果进行了重新整合。另外,该教材的初稿在北京师范大学130余名暑期来华的美国学生中进行了试用,并根据试用反馈进行了修改。

2. 这套教材的编写目的和适用对象

近年来,世界各国不少大学生利用寒暑假通过校际交流活动到中国来学习汉语,并可以获得本大学汉语课程的学分,这套教材把这类学生作为主要读者群。因此,这套教材所设计的初、中、高三个级别分别相当于各国大学公共汉语课程1~3年级水平。每个级别的听说本和读写本一共可以满足160~180小时的课程需要。这个设计也使得该教材在课时和内容上跟大学汉语课程衔接,可以同时适用于海外各国的大学公共汉语课程。此外,由于这套教材的主要目的是短期教学,较为注重汉语日常交际能力的培养,课文采用了话题与功能结合的方式,各类话题及功能相对独立,有利于教师根据需要将课本切分成几个部分,从中选择教学内容。所以它也适用于海外孔子学院所开设的针对当地社会人员的汉语课程。

3. 这套教材的教学目标

这套教材的教学目标是:在重视口语交际能力基础上培养汉语综合能力。因此,其教材结构在系列化的基础上采用了读写与听说相配套的方式，并根据不同水平阶段各有侧重。改变了以往听、说、读、写分立或听说读写合而为一的传统结构模式。在初级阶段注重"听说领先"，便于学习者从口语句型入门，在具有一定听说能力的基础上再去认字、阅读，进而学习写字和写作；进入中级阶段以后，则强调"读写领先"，让学习者在阅读了一些与某话题相关的语料以后再进入讨论，使之在了解较多相关词汇和背景知识的基础上练习听说，有利于学习者扩大知识面，迅速提高汉语表达能力。

4. 这套教材的框架设计和版面设计

这套教材的教学理念是让学习者通过实践获得目的语语言能力。因此，它的框架设计采用了目标导入、任务导出的方式。每个单元、每一课都设有"导入"，把学习者带进即将学习的内容。

在版面设计方面，这套教材吸收了当前一些教材的优点：目录采用了"列表式目录"，将每课的主要内容列入目录表格，使教师和学习者都一目了然；注释由传统的"文后注"改为"文边注"，方便教师和学习者在课堂上共同关注这些语言点；"目标导入"和"任务导出"都配有插图，在增加趣味性的同时，也提升引导作用。另外，由于该教材还未及编写教师参考书，每册教材分别设计了"教学建议"，以帮助教师备课。

这套教材的内容设计依级别不同而有所不同，这也是初、中、高三个级别采用了三个名称的主要原因。下面的"教学建议"将分别介绍每册书的特点。总而言之，该教材的特色是，读写与听说相配套，突出两种不同教学模式的特点，适应短期教学的需要。课文规范，内容丰富、生动、有趣，具有较强的话题性；语言点解释简洁明了，与课文配合较为自然，适应在自然条件下提高语言交际能力的培养目标；练习设计在紧扣重点词语和语言点的同时，突出任务型教学的特点。

该教材的设计理念可以借用"短平快"这句体育用语来概括："短"主要体现在课文短小精悍，语法点解释简明扼要，适用于短期汉语教学；"平"主要体现在其通用性上，本教材在话题选择和内容安排上淡化时效性和地域性，适用于不同地区、不同母语者的汉语教学；"快"体现为通过学习本教材，学习者能够迅速提高汉语水平，很快适应汉语环境下的日常生活和日常交际。

Introduction to This Series

This is a set of textbooks designed for international students attending short-term Chinese language programs in China. There are six books in total, covering three levels—Novice, Intermediate and Advanced. At each level, there is a book for reading and writing as well as a book for listening and speaking. The whole set of books contain 2716 Chinese characters and 506 language points.

1. How the book is compiled

We started with a brief investigation of 548 sets of textbooks of this kind during the past decade, and then made our writing plan based on a thorough analysis of the 23 sets of 80 textbooks. In addition, we conducted a questionnaire survey among nearly 300 international students (239 valid replies) investigating their favorite topics, according to which the main contents of our books were confirmed. As regards the selection of language points and vocabulary, we consulted *The Curriculum of Teaching Chinese to International Students in Universities* and *The Handbook of Basic Chinese Communication Sentences* (the latter is the result of a research of Beijing Normal University conducted by ZHU Zhiping, etc. and has been recently published). Moreover, this set of books was further revised after a trial among more than 130 American students taking a summer program at Beijing Normal University.

2. Objectives and target readers

In recent years, a large number of university students come to China for attending credited short-term Chinese courses during summer or winter vacations. We target them as our main readers, and accordingly make the three levels of our books correspond with the relevant levels of the public Chinese courses in overseas universities. The two books at each level may cover 160~180 school hours. As this set of books mainly aims for short-term programs, we put much emphasis on the development of learners' daily communication skills. Each book contains relatively independent topics and associated communicative functions. Teachers, therefore, may flexibly choose what suits their students best when organizing teaching. This set of books can also be used at Confucius Institutes for Chinese language learners from the general public.

3. Teaching aims

This set of books aims to develop learners' comprehensive abilities of using Chinese, with the emphasis on oral communicative competence. At the "Novice" level, "listening-speaking" skills come before "reading-writing" skills, so that learners may start with key sentence structures in spoken language, and then move on to Chinese characters, reading and writing. At the "Intermediate" and "Advanced" levels, on the contrary, "reading-writing" skills come first, so that learners may start with reading language materials on specific topics, and then practice listening and speaking on the same topic. In this way, learners' follow-up discussion based on necessary vocabulary and background knowledge will broaden their mind and improve their speaking skills.

4. Book content and layout design

This set of books aims to improve learners' language proficiency through practice. Therefore, every lesson involves warm-up activities at the beginning and communicative tasks in the end. As regards the format and design of the book, there are the following features: 1) The table of contents is arranged in a table containing the key points of every chapter; 2) The language points are explained in little boxes in the margin besides the text instead of after the text; 3) The warm-up activities and end-of-text tasks are all accompanied by illustrations; 4) "Teaching Guide" is provided at the beginning of every book to help teachers prepare for their class.

In general, the design of each book varies according to the three different levels, hence the different book names. The characteristics of this set of textbooks determine that the reading-writing class and listening-speaking class distinguish from and at the same time correspond with each other. In addition, the texts are written or selected carefully, containing vivid and interesting contents on the topics of sorts. The clear and concise explanation of language points helps to achieve the teaching aim and the relevant exercises/tasks embody the task-based teaching approach as well.

All in all, this set of course books aims to be "simple", "applicable" and "effective" in design. The "simple" feature lies in the selection of brief but high-quality texts and in concise explanation of language points. The "applicable" feature lies in the book's applicability in teaching regardless of time, region or target learners. The "effective" feature indicates that learners may expect to make a quick progress in their Chinese language proficiency so as to acclimatize themselves to the daily life in a Chinese context.

《实践汉语——中级读写》教学建议

中级本《实践汉语》内容设计的特点是在话题的基础上确定课文，关注幽默有趣、可读性强的语料，但同时依据中级水平阶段的特点加以修改并编排语言点。《实践汉语——中级读写》和《实践汉语——中级听说》分别设计了8个单元32课。

《实践汉语——中级读写》由汝淑媛、舒雅丽执笔编写。根据"中级水平读写领先"的编写原则，《实践汉语——中级读写》作为中级本的主体教材，全书采用短文作为主体课文，从循序渐进的角度考虑，短文长度从200字开始，字数逐渐增加，最终达到600字左右。课文从话题讨论导入，进入阅读及相关的语言点的学习，并配以一定的语法练习和字词练习来巩固所学。

根据"读写领先"的原则，《实践汉语——中级读写》读写本的教学安排一般应该先行于《实践汉语——中级听说》。为了突出读写训练的特点，完成培养读写能力的教学任务，也为了使后面的听说课能够顺利进行，使用这本教材教学时请关注以下几点建议：

（1）每90分钟学一课。在学习新课以前，要求学生预习该课的生词。最好在开始上课时先用听写的办法检查学生的预习情况，并用成绩加以约束。学生预习的好坏会对新课教学能否顺利进行产生很大的影响。

（2）每一课从"导入（热身）"开始。经过预习，学生对生词已经不陌生，可以从"导入（热身）"的图片和问题入手，将学生引导到本课的话题上来，在师生问答的过程中尽量使用该课的生词，使学生进一步熟悉生词，并对课文即将展开的话题产生兴趣和期待。

（3）在讲练生词的时候将生词归类，突出重点。本书每课的生词一般控制在25个左右，但生词的难易程度并不一致。如果在教学中对每个生词平均用力，既浪费时间，又不能满足学生的需要。教师可以按照语义或词性将生词整理成几类，对难度小的生词可以一带而过，对难度大的生词则要进行重点练习。在学生能够接受的情况下，教师还可以适当进行相关词语的扩展。

（4）重点操练每课的语言点，使学生能够准确熟练地使用该语言点。这种操练可以放在处理生词的时候一并进行，也可以放在讲练课文的时候进行。

（5）教师在课堂上应当安排时间让学生轮流朗读课文；在扫清课文中语言点和汉字的障碍之后，用问答的方式带领学生理解课文内容；最后使学生能够在教师的提示下成段地复述课文内容。

（6）课后的练习分三类，第一类针对词语和语言点，比如练习三（词语练习）和练习四（语言点练习），这类练习应当在课堂上进行；第二类针对课文内容，比如练习一和练习二，这类练习可以让学生课下自己做并核对答案；第三类是阅读练习和写作练习，教师可以根据教学时间灵活安排在课上或课下。

Teaching Guide for This Book

Application: Intermediate Chinese—Reading and Writing selects 32 interesting articles on a variety of topics and divides them into 8 units. It corresponds with *Application: Intermediate Chinese—Listening and Speaking* but plays a major and leading role. From Lesson 1 to Lesson 32, the text length increases gradually from about 200 to 600 characters. In each lesson, there is a pre-reading activity to lead in, a main text with relevant language points, and some after-reading exercises to wind up. The specific teaching advice is as follows:

(1) It takes about 90 minutes to study one lesson. Students are required to preview the new words before class, and their work is better to be tested by means of dictation at the beginning of the class.

(2) For each lesson, it is better to begin with "warm-up". The questions and illustrations may arouse students' curiosity and the teacher may take this opportunity to further familiarize students with the new words they have previewed.

(3) There are about 25 new words in each lesson. The teacher may categorize them according to the part of speech or their semantic functions. It is also suggested to allocate time for words of different difficulty levels according to students' needs and language proficiency.

(4) The language points in each lesson should be explained and practised fully to make sure that students can use them correctly. Such practice can be conducted when dealing with the new words or studying the text.

(5) The teacher may allocate some class time for students to read the texts aloud in turns. After making sure that students have no problem with vocabulary and grammar, the teacher may further check students' reading comprehension through question-answer tasks, and then encourage them to retell the texts.

(6) There are three groups of after-reading exercises in each lesson. The first one concerns vocabulary and grammar such as Exercise 3 and 4, which should be completed in class. The second one concerns the contents of the text such as Exercise 1 and 2, which can be assigned to students as homework. The third one concerns follow-up reading and writing, which can be dealt with either in class or after.

目录
CONTENTS

课　目 Units / Lessons	学习目标 Goals	读写任务 Reading and Writing Tasks
第一单元　日常生活 / 1 第一课　早睡早起身体好 / 3 第二课　点菜 / 7 第三课　讲价 / 11 第四课　一位出租汽车司机 / 15 第一单元语言点总结 / 19	1. Grasp the meaning and usage of key words and language points. 2. Read and understand the text about living habits, ordering food, bargaining and traffic. 3. Learn to write articles on these topics.	1. Read the text about living habits, ordering food, bargaining and traffic. 2. Write compositions on those topics. 3. Write note, complaint letter, advertisement and a letter to a taxi company.
第二单元　休闲娱乐 / 21 第五课　运动的故事 / 23 第六课　夜生活 / 27 第七课　外来人 / 31 第八课　我爱做饭 / 35 第二单元语言点总结 / 39	1. Grasp the meaning and usage of key words and language points. 2. Read and understand the text about sports, nightlife, TV, and hobbies. 3. Learn to write articles on these topics.	1. Read the text about sports, nightlife, TV, and hobbies. 2. Write compositions on those topics. 3. Write a note, letters to friends and 'Found Notice'.

目 录

语言点 Grammar	主要词语 Key Words	重点汉字 Key Characters
1. 对……来说 2. 左右 3. 为了 4. adj.+得不得了 5. 复合趋向补语 6. 一……就…… 7. 只好 8. 各……各…… 9. 比较句 10. 假如……就 11. 一般来说 12. 还是……吧 13. 甚至 14. 极了 15. 像……这么/那么…… 16. 从来没/不……	认为 需要 必须 难受 糟糕 忍不住 建议 然后 礼貌 吃惊 最后 坚持 好意思 陪 另 善于 听说 也许 缺点 假如 难看 够 加 聊天 印象 提前 传统 开心 遇到 尊重 付 赚 深	饱 需 熬 须 懒 倒 忍 糟 糕 必 陪 端 另 礼 貌 建 议 坚 持 善 够 狠 假 脸 勇 受 伤 验 聊 印 深 甚 费 转 传 统 赚 遇 尊 司
1. 跟 A 一样, B 也…… 2. 只要……就…… 3. 可能补语 4. 再也没(有)/不 5. 不是……就是…… 6. 另外 7. 无论……都 8. 在……中 9. 任何 10. 却 11. 关于 12. 曾经 13. 与 A 相比, B …… 14. 既……又…… 15. 把字句 16. 只有……才……	完全 一般 其他 只有 绝对 躺 没想到 大多数 约 花 年代 度过 内容 轻松 丰富 了解 离不开 差不多 自在 社会 关系 吸引 要求 严格 诚实 样子 明显 尴尬 批评 不知不觉 假 显得 浪费 影响 省事 享受 现实 照顾 满足 腻 靠	亮 锻 炼 拳 健 躺 绝 约 差 夜 度 容 富 离 脊 梁 部 任 系 却 吸 引 曾 流 尴 尬 批 评 显 俗 既 影 享 雇 腻 靠 顾 厨

3

课　目 Units / Lessons	学习目标 Goals	读写任务 Reading and Writing Tasks
第三单元　个人经历 / 41 第九课　难忘的经历 / 43 第十课　上当 / 47 第十一课　在国外的经历 / 51 第十二课　出洋相 / 55 第三单元语言点总结 / 59	1. Grasp the meaning and usage of key words and language points. 2. Read and understand the text about reading and personal experiences, being caught with chaff, the experiences abroad and making fool of oneself. 3. Learn to write articles on these topics.	1. Read the text about reading and personal experiences, being caught with chaff, the experiences abroad and making fool of oneself. 2. Write compositions on those topics. 3. Write illustration, and extension of an article.
第四单元　人际交往 / 61 第十三课　网络与隐私 / 63 第十四课　礼尚往来 / 67 第十五课　入乡随俗 / 71 第十六课　中西文化风俗 / 75 第四单元语言点总结 / 79	1. Grasp the meaning and usage of key words and language points. 2. Read and understand the text about the internet and privacy, giving presents, cultural adaptation and cultural customs. 3. Learn to write articles on these topics.	1. Read the text about the internet and privacy, giving presents, cultural adaptation and cultural customs. 2. Write compositions on those topics. 3. Write a reaction to a book or article and envelope. Express one's own opinion in Chinese.

目录

语言点 Grammar	主要词语 Key Words	重点汉字 Key Characters
1.一下子 2.说不定 3.正好 4.仿佛 5.把……V.给/趋向补语 6.原来 7.V.坏了 8. V.下来 9.连忙 10.来得/不及 11.只能 12.恐怕 13. V.上 14.要……有…… 15.特意 16.果然	难忘 经历 平时 后来 反应 绝望 当时 郁闷 推 按 陌生 担心 上当 抱歉 伤害 般 感动 怀疑 劝 装作……的样子 直奔 急 直 碰到 麻烦 安慰 拉 拼命 感谢 出洋相 配 帅 风度 兴奋 羡慕 注意 重 晃 挺	乘 暗 喊 仿 推 堵 墙 傻 郁 佛 狱 陌 拦 歉 骗 颗 劝 执 疑 恍 糊 涂 及 直 奔 弯 麻 烦 慰 拼 闯 恐 照 镜 配 帅 奋 羡 慕 扣 晃 签
1.根本 2.连……都…… 3.总之 4.V.出来 5.千万 6."是……的" 句① 7.咱们 8."还"表出乎意料 9.其实 10.形容词的生动形式 11.不……才怪呢 12.在……看来 13.啊 14.然而 15.越 A 越 B 16.疑问代词连用 17.刚好	隐私 肯定 透明 改变 根据 调查 正常 打架 碰 一瞬间 互相 算账 赶快 迷糊 其实 扔 接 搬 醒 换 地道 理解 尝试 神秘 急忙 仔细 专门 设计 适应 成功 秘密 特点 亲密 方式 性格 进攻 侵犯 自由 权利 抢 伸	网 隐 私 透 垃 圾 碰 踢 瞬 丑 爆 查 互 醉 扔 算 账 妻 塑 邻 醒 换 尝 餐 秘 密 脆 嫩 酸 辣 握 拥 久 仰 叉 伸 聚 侵 犯 权

5

课　目 Units / Lessons	学习目标 Goals	读写任务 Reading and Writing Tasks
第五单元　爱情婚姻 / 81 第十七课　一个关于爱情的心理测试 / 83 第十八课　理想的妻子 / 87 第十九课　这个时代的爱情 / 91 第二十课　梁山伯与祝英台的故事 / 95 第五单元语言点总结 / 99	1. Grasp the meaning and usage of key words and language points. 2. Read and understand the text about psychological tests, the ideal husband or wife, different viewpoints on love and love story. 3. Learn to write articles on these topics.	1. Read the text about psychological tests, the ideal husband or wife, different viewpoints on love and love story. 2. Write compositions on those topics. 3. Write a love letter, 'friend wanted' advertisement, a given writing, a film notice and a fairy story or legend.
第六单元　性格修养 / 101 第二十一课　差不多先生传 / 103 第二十二课　小气鬼 / 107 第二十三课　口头禅 / 111 第二十四课　怎样才是男子汉？/ 115 第六单元语言点总结 / 119	1. Grasp the meaning and usage of key words and language points. 2. Read and understand the text about careless people, stinginess, pet phrases, and the features of a manly man. 3. Learn to write articles on these topics.	1. Read the text about careless people, stinginess, pet phrases, and the features of a manly man. 2. Write compositions on those topics. 3. Rewrite an article. Write a research paper.

目录

语言点 Grammar	主要词语 Key Words	重点汉字 Key Characters
1. 忽然　2. 尽管……但是…… 3. 愿意　4. 不断　5. 多　6. 否则 7. 按照　8. 不是……而是…… 9. 既然……就……　10. 最终 11. ……算了　12. 不是没有 13. "是……的"句②　14. 十分 15. 再三　16. 好(不)容易	感情　强调　责任　期待 告别　坚定　制造　惊喜 放弃　旧　总　理想　开放 行为　保守　处理　标准 配合　符合　提醒　擦 时代　分手　伤心　属于 实在　结束　最终　完整 实现　充满　谈恋爱 接受　从小　继续　模仿 暗示　当做　反抗　发誓 被迫　凑　谈得来	测　忽　酱　抹 愿　尽　管　责 断　弃　婚　柔 喷　浪　漫　否 标　贴　擦　符 恋　嫁　墅　辈 属　烧　堆　段 整　满　继　续 模　灾　凑　抗 誓　埋　坟　墓 迫　蝴　蝶
1. 不是……吗？　2. 何必　3. 好在　4. 于是　5. 把……V成…… 6. 仍然　7. 各　8. 难道　9. V.满 10. 拿……来说　11. V.起来 12. ……死了　13. "可"作副词 14. 不知道……才好 15. 一会儿……一会儿…… 16. "就"表只有　17. 究竟 18. 不管……都……	马虎　只是　要紧　痛苦 算了　断续　摇　肯　冲 摆　慷慨　大方　讨厌 好气　好笑　结果　埋怨 满　挣　掏　反映　得到 失去　形成　随便　缺乏 明确　承担　总是　小看 间接　大概　真正　嘲笑 解释　意见　不料　请教 说话不算数　有道理 看不起	传　糖　骂　摇 虎　痛　冲　摆 慷　慨　讨　厌 挣　仍　掏　媒 怨　废　禅　映 烦　恼　形　状 态　随　乏　承 劲　敢　改　概 嘲　释　套　竟 究

7

课 目 Units / Lessons	学习目标 Goals	读写任务 Reading and Writing Tasks
第七单元　家庭伦理 / 121 第二十五课　一张忘取的汇款单 / 123 第二十六课　母亲和女儿的信 / 127 第二十七课　来吃饭的是父母 / 132 第二十八课　丁克与丁宠 / 137 第七单元语言点总结 / 142	1. Grasp the meaning and usage of key words and language points. 2. Read and understand the text about the love of parents, generation gap, the senior, and the change of values of family. 3. Learn to write articles on these topics.	1. Read the text about the love of parents, generation gap, the senior, and the change of values of family. 2. Write compositions on those topics. 3. Write a bill for expression delivery, a description of a picture, and a note to leave message.
第八单元　社会问题 / 145 第二十九课　中国大城市的新问题——汽车 / 147 第三十课　牛的母爱 / 152 第三十一课　穷人的中秋节 / 157 第三十二课　广告和媒体 / 162 第八单元语言点总结 / 167	1. Grasp the meaning and usage of key words and language points. 2. Read and understand the text about cars, animal protection, gap between the rich and the poor, and advertising and the mass media. 3. Learn to write articles on these topics.	1. Read the text about cars, animal protection, gap between the rich and the poor, and advertising and the mass media. 2. Write compositions on those topics. 3. Write a claim notice and research report.

生词总表 / 169
中国行政区划表 / 199
中国地图 / 200
致谢 / 201

目 录

语言点 Grammar	主要词语 Key Words	重点汉字 Key Characters
1. 再 adj./v. 也……　2. 对于 3. 疑问代词表虚指　4. 并　5. 渐渐 6. 即使……也……　7. 一方面…… 另一方面……　8. 似乎　9. 疑问 代词表任指　10. 一点儿也/都不 11. 倒　12. 到处　13. 俩　14. 用不着 15. 以及　16. 不比	维持　鄙夷　通过　骄傲 整个　表达　整理　藏退 省　矛盾　允许　催　强迫 看法　交流　看来　分析 判断　控制　反复　竞争 预订　发愁　是否　主意 答应　承认　事实　否定 怀疑　悄悄　夸　巧　操心 祝贺　对待　质量　增加 描述　地位　差　趁(着) 近年来	维汇退渐恨激预夸孝静质述　鄙款沟允叛烈巧炫悄婴养　夷骄矛催逆诱愁耀宠遛增　傲盾即竞惑酬顿趁待描
1. 由于……因此……　2. 恨不得 3. 再说　4. 不妨　5. 本来　6. 立即 7. 整整　8. 不但不……反而…… 9. 到底　10. 明明　11. 非……不可 12. 顺便　13. 在……下　14. 尤其 15. 将　16. 只顾　17. 必定	解决　改革　提高　根本 发展　改进　统一　减少 遵守　规则　珍贵　惟一 整整　道歉　悲哀　违反 规定　贪婪　舔　真实 举　争论　让步　意见 各自　理由　纠正　委屈 显眼　彻底　凑　无奈 避免　思考　实践　消费 效果　特征　心酸　利益 客观　公正　信任　存	革染妨畜刹鞭舔委翼媒践益　堵量规缰默哀贪屈谱绑负　塞宽漠绳驱论脖豪彻绑率　污速牺惟举婪纠赏奈盟奢

9

第一单元
日常生活

第一单元学习目标

熟练掌握并灵活运用该课的语言点；掌握主要生词的意义和用法；正确书写重点汉字；流畅地阅读课文，理解相关文章。

第一课要求：

正确运用本课所学的语言点和关键词就生活习惯问题进行写作，练习写便条。

第二课要求：

正确运用本课所学的语言点和关键词就在饭馆点菜吃饭进行写作，练习写投诉信。

第三课要求：

正确运用本课所学的语言点和关键词就讲价问题进行写作，练习写广告。

第四课要求：

正确运用本课所学的语言点和关键词描述坐出租车的经历，练习给出租汽车公司写信。

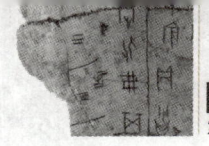

第一课
早睡早起身体好

热身

读一读,你能看懂多少?

一个中国学生的作息时间表

起 床	06:30
洗 漱	06:30—6:40
早 饭	06:40—7:00
第一节课	08:30—9:15
第二节课	09:25—10:10
第三节课	10:20—11:05
第四节课	11:15—12:00
午 饭	12:00—13:00
第五节课	13:10—13:55
第六节课	14:05—14:50
活 动	15:00—16:50
晚 饭	17:00—17:40
活 动	17:40—18:30
晚自习	18:30—20:30
洗 漱	20:30—21:15
睡 觉	21:30

你几点睡觉?几点起床?

你知道中国人的生活习惯吗?

① 对……来说

It is to express one's opinion from certain perspective.
- 对中国人来说,汉语不难,可是对我来说,汉语很难。

② ……左右

It indicates an approximate number.
- 他今年二十岁左右。

③ 为了

It is to give the reason or purpose of doing something.
- 小王为了锻炼身体,每天骑自行车上班。

④ adj.+得不得了

It indicates a high degree of a state of being.
- 北京的夏天热得不得了。

　　每个国家的人都有不一样的生活习惯。在中国,很多老年人都认为:早睡早起身体好,早饭要吃饱,午饭要吃好,晚饭要吃少,晚上还要洗个热水澡。

　　对大多数人来说①,每天需要睡八个小时左右②。很多人早上八点钟上班,六点钟就得起床。如果晚上十一点以后才睡觉,第二天就会没有精神。长时间熬夜不但会生病,而且还会发胖呢。

　　可是,有时候我们必须睡懒觉。比如,我昨天刚从美国回到北京。为了③倒时差,我今天早上睡到十一点才起床,可是还有点儿困。晚上朋友请我去饭馆吃饭,饭菜太好吃了,我忍不住吃了很多。没想到我吃得太多了,肚子难受得不得了④,也没有力气洗澡了,晚上十二点才睡觉。唉!这一天过得太糟糕了。

第一单元 日常生活
第一课 早睡早起身体好

生词

1. 饱	bǎo	形(a.)	full
2. 热水	rèshuǐ	名(n.)	hot water
3. 对……来说	duì……lái shuō		to/for sb.
4. 大多数	dàduōshù		great majority
5. 需要	xūyào	动(v.)	need
6. 左右	zuǒyòu	名(n.)	around
7. 上班	shàngbān		go to work
8. 精神	jīngshen	名(n.)	vitality
9. 熬夜	áo yè	动(v.)	stay up late or all night
10. 发胖	fāpàng	动(v.)	get fat
11. 必须	bìxū	副(adv.)	must, have to
12. 睡懒觉	shuì lǎnjiào		lie in
13. 为了	wèile	介(prep.)	in order to
14. 倒	dǎo	动(v.)	move backward
15. 时差	shíchā	名(n.)	time difference
16. 困	kùn	形(a.)	sleepy
17. 请	qǐng	动(v.)	invite
18. 饭菜	fàncài	名(n.)	meal
19. 忍不住	rěnbuzhù		cannot help
20. 肚子	dùzi	名(n.)	belly
21. 难受	nánshòu	形(a.)	feel unwell
22. 不得了	bùdéliǎo		extremely
23. 力气	lìqi	名(n.)	strength
24. 唉	ài	叹(interj.)	sigh of sadness or regret
25. 糟糕	zāogāo	形(a.)	too bad

语言点中文注释

1. 对……来说

表示从某人或某个角度看问题，例如：

对中国人来说，汉语不难，可是对我来说，汉语很难。

2. ……左右

表示一个大概的数字，例如：

他今年二十岁左右。

3. 为了

表示原因或目的。例如：

小王为了锻炼身体，每天骑自行车上班。

4. adj. + 得不得了

表示程度很高。例如：

北京的夏天热得不得了。

第一单元 日常生活
第二课 点菜

第二课
点 菜

热身

麻婆豆腐
12元/份

蜀香牛板筋
32元/份

鱼香肉丝
22元/份

水煮肉片
26元/份

肉末茄子
16元/份

酥香茄合
18元/份

在这些菜中，你吃过什么？
你知道中国人点菜和吃饭的习惯吗？
你觉得这是一家什么样的餐厅？

① 复合趋向补语

The verbs "上、下、进、出、回、过、起" plus "来、去" may follow other verbs, showing the process and direction of one's move. e.g., 她从马路对面跑过来了。 It should be noted that if there are objects indicating places or locations in the sentence, they must be put between the verbs "上、下、进、出、回、过、起" and the complements "来、去".
- 下课以后，小王就跑回宿舍去了。

② 一……就……

We use two different verbs after "一" and "就" respectively, indicating two adjacent actions.
- 这个生词不难，你一学就会。
- 他一说我就明白了。

③ 只好

It means there are no other choices.
- 没有公共汽车了，我只好走路回家。

④ 各……各……

do sth. respectively
- 我们各有各的需要。

今天晚上小张要陪两位美国客人吃饭。为了热闹一点儿，小张又找来了三个人。六个人一起走进了饭馆儿。

他们一坐下来①，服务员就②送过来一份菜单。小张很客气，让客人先点菜。一位美国人认识一点儿中文，点了一道宫保鸡丁。另一位美国人不认识中文，不会点菜，小张就让别的中国人先点。菜单很快又传回来了，可是那位美国客人还不会点，小张看到还没有点汤，就建议他点一道榨菜肉丝汤。

第一道菜端上来了，第一位美国客人一看是自己点的宫保鸡丁，就对大家说："对不起。"然后端过盘子来，自己先开始吃了。中国人都非常吃惊，可是大家不能说："你别吃，要等大家一起吃。"只好③跟他一样，各吃各④的菜。最后，榨菜肉丝汤端上来了，小张觉得让美国客人只喝一碗汤太没有礼貌了，就说："这是我点的，我帮你再点一道别的菜吧。"可是美国客人坚持说这是他点的菜，自己一定要喝完。小张觉得太不好意思了，因为这次晚饭，那位美国客人只喝了一碗汤。

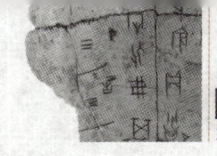

第一单元 日常生活
第二课 点菜

生词

1. 陪	péi	动(v.)	accompany
2. 热闹	rènao	形(a.)	bustling with noise and excitement
3. 一……就……	yī……jiù……		at once
4. 服务员	fúwùyuán	名(n.)	waiter
5. 份	fèn	量(m.w.)	(for documents, menu, etc.) copy
6. 菜单	càidān	名(n.)	menu
7. 客气	kèqi	形(a.)	stand on polite
8. 点	diǎn	动(v.)	order
9. 道	dào	量(m.w.)	(for the dish) course
10. 另	lìng	代(pron.)	another
11. 传	chuán	动(v.)	pass on
12. 建议	jiànyì	动(v.)	to advise
13. 端	duān	动(v.)	to hold sth., level with both hands
14. 然后	ránhòu	连(conj.)	afterwards, then
15. 吃惊	chījīng	形(a.)	to be startled
16. 大家	dàjiā	代(pron.)	everybody
17. 只好	zhǐhǎo	副(adv.)	have to; be forced to
18. 各……各……	gè……gè……		do sth. respectively
19. 最后	zuìhòu	副(adv.)	finally
20. 礼貌	lǐmào	名(n.)	courtesy, politeness
21. 坚持	jiānchí	动(v.)	persist in
22. 不好意思	bù hǎoyìsi		feel embarrassed

专有名词

1. 宫保鸡丁	Gōngbǎojīdīng	菜名	kung pao chicken
2. 榨菜肉丝汤	Zhàcàiròusītāng	菜名	shredded pork soup with preserved szechuan pickle

语言点中文注释

1. 复合趋向补语

动词"上、下、进、出、回、过、起"等后边加上简单趋向补语"来、去"以后，可以做别的动词的补语，表示人或事物在空间上的移动过程和方向，叫复合趋向补语。例如：

她从马路对面跑过来了。

带复合趋向补语的动词之后，如果有表示处所的宾语，宾语一定要放在动词和"来、去"之间。例如：

下课以后，小王就跑回宿舍去了。

如果宾语是表示一般事物的名词或名词性词组，则可以放在动词和"来、去"之间，也可以放在"来、去"之后。例如：

他拿过来一本书。

他拿过一本书来。

2. 一……就……

前后两个动词不同，表示一种动作或情况出现后紧接着发生另一种动作或情况。例如：

这个生词不难，你一学就会。

他一说我就明白了。

3. 只好

表示没有别的选择，不得不。例如：

没有公共汽车了，我只好走路回家。

4. 各……各……

表示不一样。例如：

我们各有各的需要。

第一单元 日常生活
第三课 讲价

第三课
讲 价

热身

（一）

（二） 　　　　　　　　　　　（三）

看第一张照片，他们在做什么？
看第二张照片，商店里的人为什么这么多？第三幅图告诉我们什么？
你喜欢讲价吗？为什么？

11

① 比较句
The structure "A 比 B……" is to compare the character, state and degree of two objects. An adjective often stands after B to serve as the predicate, followed by some other elements showing the result of the comparison.
- 他比我小 / 小五岁 / 小一点儿 / 小得多。

② 假如……就……
It is written language indicating a hypothesis, which is the same as "如果……就……".
- 假如你不会点菜,就让服务员帮你点吧。

③ 一般来说
It means "in general", and it is often put at the beginning of a sentence.
- 一般来说,在大商场买东西不能讲价。

④ 还是……吧
It means taking one for choice after comparing two of more things.
- 别的汤都太贵了,我们还是点榨菜肉丝汤吧!

有的人很善于讲价。听他们说,讲价很简单,有下面的四条经验就够了:

第一,你一走进商店就要老板没有的东西,先让他觉得不好意思;然后你再告诉他你想买的,他一定会给你一个好价钱。

第二,多说缺点。也许有的东西没有缺点,但是每个人的喜好不一样:这个东西长,可是我喜欢的比①这个短;这个东西大,可是我喜欢的比这个小。这时候讲价就会很容易。

第三,还价得狠。假如他说100块,你就②说30块。这需要勇气,要做好准备看老板难看的脸色。不过,人的脸是最容易变的,你只要加一点儿钱,他就会笑了。

第四,要有勇气回来。假如老板不同意你说的价钱,你就走吧。也许他会请你回来。可是假如他不请你回来,你就只好自己回来了。一般来说③,这时不能再讲价了。

这些办法我都没有试过。假如我自己因为讲价生气着急,就会让我的身体受伤;假如老板因为讲价生气着急,就会让我的精神受伤。所以,我还是去商场买打折的东西吧④。

根据梁实秋《讲价》一文改编,选自梁实秋《雅舍菁华》。

第一单元 日常生活
第三课 讲价

生词

1.	善于	shànyú	动(v.)	be good at
2.	讲价	jiǎngjià	动(v.)	bargain
3.	听说	tīngshuō	动(v.)	hear of
4.	经验	jīngyàn	名(n.)	experience
5.	够	gòu	副(adv.)	enough
6.	老板	lǎobǎn	名(n.)	seller
7.	价钱	jiàqián	名(n.)	price
8.	缺点	quēdiǎn	名(n.)	shortcoming
9.	也许	yěxǔ	副(adv.)	might be
10.	喜好	xǐhào	名(n.)	sth. one likes
11.	短	duǎn	形(a.)	short
12.	还价	huánjià	动(v.)	dicker
13.	狠	hěn	形(a.)	fearlessly, fiercely
14.	假如	jiǎrú	连(conj.)	if, providing that
15.	勇气	yǒngqì	名(n.)	courage
16.	难看	nánkàn	形(a.)	displeased, ugly
17.	脸色	liǎnsè	名(n.)	look, expression
18.	加	jiā	动(v.)	to plus
19.	同意	tóngyì	动(v.)	agree
20.	一般来说	yībān lái shuō		generally speaking
21.	受伤	shòushāng	动(v.)	be hurt
22.	精神	jīngshén	名(n.)	spirit
23.	商场	shāngchǎng	名(n.)	shopping mall
24.	打折	dǎzhé	动(v.)	discount

语言点中文注释

1. 比较句

汉语中比较句的常用格式是："A 比 B……",用于比较性质、状态和程度。"A 比 B"后面常用形容词作谓语,形容词后也可再带上表示数量的成分,例如:

他比我小。 他比我小五岁。 他比我小一点。他比我小得多。

谓语如用动词,只限于表示能力、愿望、爱好、增减的动词或"有"等。例如:

他比我会讲价。
弟弟比哥哥喜欢睡懒觉。
小王比我有经验。

谓语动词如果是一般行为的动词,必须用"得"字句,"比"可以在"得"前,也可以在"得"后,意思一样。例如:

他讲得比老师还好。 他比老师讲得还好。

"A 比 B……"的否定形式有两个,意思略有差别:

他不比我高。(=他跟我差不多高或比我矮。)
他没有我高。(=我比他高。)

2. 假如……就……

用于书面,表示假设,同"如果……就……"。例如:
假如你不会点菜,就让服务员帮你点吧。

3. 一般来说

表示在大多数情况下,多放在句首。例如:
一般来说,在大商场买东西不能讲价。

4. 还是……吧

表示在对两个或几个选择进行比较后,提出一个建议。例如:
别的汤都太贵了,我们还是点榨菜肉丝汤吧!

第一单元 日常生活
第四课 一位出租汽车司机

第四课
一位出租汽车司机

热 身

你在中国坐过出租汽车吗？
你对出租汽车司机的印象怎么样？为什么会有这样的印象？

我坐过很多出租汽车，也跟很多司机聊过天儿，只有一位司机给我的印象最深。

那天我在宾馆门口上了他的出租车，当我告诉他我要送客人去机场再坐车回来的时候，他很高兴。我走进机场送客人，他甚至①不要我提前付回去的路费。因为他相信我会再坐他的车回去。

在回来的路上，我希望他带我在城里转转，吃一次传统的北京早餐，他听到以后开心极了②。等我们找到饭馆儿坐下来吃饭的时候，他一定要付钱请客。他说，为了等到一位去机场的乘客，他从早上五点就在宾馆外面排队，因为去一次机场可以赚十块钱。为了等到从机场回来的乘客，他还得在机场再排两个小时的队。像我这么③好的乘客，他从来没有④遇到过。他不同意我请客，也不同意我们各付各的，他坚持要请我吃早餐。

我尊重他的坚持，他让我看到了一位劳动者的自尊和真诚。

---

① 甚至
It is to emphasize what follows after.
■ 他常常睡懒觉,有时甚至睡到中午十二点。

② 极了
It is often used in spoken language, indicating the highest degree of a state of being or an action.
■ 今天我的精神好极了。

③ 像……这么/那么……
It indicates the similarity or sameness with something. This structure may stand alone or serve as an attribute.
■ 她的脸像纸那么白。
■ 像他这么有勇气的人现在很少了。

④ 从来没/不……
It means "not ever" from the past till present.
■ 我从来不睡懒觉。

第一单元 日常生活
第四课 一位出租汽车司机

生词

1. 出租 chūzū 动(v.) rent
2. 司机 sījī 名(n.) driver
3. 聊天儿 liáotiānr chat
4. 印象 yìnxiàng 名(n.) impression
5. 深 shēn 形(a.) deep
6. 宾馆 bīnguǎn 名(n.) hotel
7. 机场 jīchǎng 名(n.) airport
8. 甚至 shènzhì 副(adv.) even
9. 提前 tíqián 动(v.) advance, beforehand
10. 付 fù 动(v.) pay
11. 路费 lùfèi 名(n.) travelling expenses
12. 转 zhuàn 动(v.) visit around
13. 传统 chuántǒng 形(a.) traditional
14. 开心 kāixīn 形(a.) happy
15. 极了 jí le extremely
16. 乘客 chéngkè 名(n.) passenger
17. 排队 pái duì 动(v.) queue up
18. 赚 zhuàn 动(v.) earn
19. 像……这么…… xiàng……zhème…… such... as
20. 从来 cónglái 副(adv.) at all times (used in negative sentence)
21. 遇到 yùdào 动(v.) meet
22. 尊重 zūnzhòng 动(v.) respect
23. 劳动者 láodòngzhě 名(n.) labourer, worker
24. 自尊 zìzūn 名(n.) self-respect
25. 真诚 zhēnchéng 名(n.) sincere

语言点中文注释

1. 甚至

对后面的内容进行强调或突出。例如：

他常常睡懒觉，有时甚至睡到中午十二点。

2. 极了

用在动词或形容词后面表示最高程度，多用于口语。例如：

今天我的精神好极了。

3. 像……这么/那么……

表示同已知事物在性状或程度上的相似、相同或相近，可以单用，也可以作名词的定语。如：

她的脸像纸那么白。
像他这么有勇气的人现在很少了。

4. 从来没/不……

表示从过去到现在都是如此。例如：

我从来不睡懒觉。

第一单元 日常生活

第一单元语言点总结

1. 对……来说（第一课）

对大多数人来说，每天需要睡八个小时左右。

2. ……左右（第一课）

对大多数人来说，每天需要睡八个小时左右。

3. 为了（第一课）

为了倒时差，我今天早上睡到十一点才起床。

4. adj. + 得不得了（第一课）

肚子难受得不得了。

5. 复合趋向补语（第二课）

他们一坐下来，服务员就送过来了一份菜单。

6. 一……就……（第二课）

他们一坐下来，服务员就送过来了一份菜单。

7. 只好（第二课）

大家只好跟他一样，各吃各的菜。

8. 各……各……（第二课）

大家只好跟他一样，各吃各的菜。

9. 比较句（第三课）

这个东西长，可是我喜欢的比这个短。

10. 假如……就……（第三课）
假如他说 100 块,你就说 30 块。

11. 一般来说（第三课）
假如他不请你回来,你就只好自己回来了。一般来说,这时不能再讲价了。

12. 还是……吧（第三课）
我还是去商场买打折的东西吧。

13. 甚至（第四课）
他甚至不要我提前付回去的路费。

14. 极了（第四课）
他听到以后开心极了。

15. 像……这么/那么……（第四课）
像我这么好的乘客,他从来没有遇到过。

16. 从来没 / 不……（第四课）
像我这么好的乘客,他从来没有遇到过。

第二单元
休闲娱乐

第二单元学习目标

　　熟练掌握并灵活运用该课的语言点；掌握主要生词的意义和用法；正确书写重点汉字；流畅地阅读课文，理解相关文章。

　　第五课要求：

　　正确运用本课所学的语言点和关键词就减肥问题进行写作，练习描述一种运动。

　　第六课要求：

　　根据句子之间的逻辑关系给句子排序；能够描述自己的夜生活，练习给朋友写信介绍自己的生活情况。

　　第七课要求：

　　理解寻物启事上的相关信息；正确运用本课所学的语言点和关键词描述一个人，练习写招领启事。

　　第八课要求：

　　正确运用本课所学的语言点和关键词描述自己做饭的经历，练习写留言条。

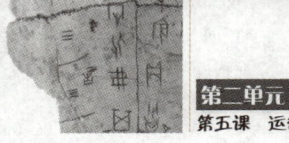

第二单元 休闲娱乐
第五课 运动的故事

第五课
运动的故事

热身

你知道图片中是什么运动吗?
你喜欢什么运动?

① 可能补语

The structure of potential complement is "verb + 得 + resultative complement / directional complement", which means something is likely or unlikely to happen under certain subjective or objective conditions.

- A：我们现在去机场，吃饭以前回得来回不来？
  B：机场不太远，吃饭以前我们回得来。

② 跟A一样，B也……

It means B is the same as A in certain aspect.

- 跟哥哥一样，弟弟也不吃宫保鸡丁。

③ 只要……就……

It means that a certain condition is enough to cause certain result.

- 只要你学会讲价，就可以买到又便宜又好的东西。

④ 再也不/没(有)

It means "never", indicating that something will not be repeated or carry on any longer.

- 那个老板的脸色太难看了，我再也不去那家商店买东西了。
- 上次点菜让小张太不好意思了，以后小张再也没帮客人点过菜。

你知道在中国早上五六点钟的时候什么地方人最多吗？是公园。虽然天还没有完全亮，可是已经有很多人在那里锻炼身体了。有的跑步，有的打太极拳，还有的做健身操。不过这时一般看不到①年轻人，年轻人大多数还在睡懒觉呢。他们一般会在下班以后或者周末去健身房运动。

跟其他年轻人一样②，小张也常常去健身房。一年以前，小张的生活跟现在有很大的不同。那时候他的生活很简单：只有工作、吃饭、睡觉三件事。他只要能躺着就③绝对不会坐着，只要能坐着就绝对不会站着，只要能开车就绝对不会走路。因为不运动，他不但发胖了，而且还常常觉得很累。小张很发愁，有时甚至吃不下饭，睡不着觉。医生建议他去办一张健身房的年卡，只要坚持锻炼，他的身体就会好的。

没想到小张去了健身房以后，不但减肥了，而且再也没有④进过医院的大门。运动不用花很多时间，但是可以让你的生活更有意思，工作时更有精神，心理也更健康。现在小张不但自己经常运动，还经常约朋友和同事一起去锻炼。

第二单元 休闲娱乐
第五课 运动的故事

生词

1. 完全	wánquán	副(adv.)	completely
2. 亮	liàng	形(a.)	dawn, bright
3. 锻炼	duànliàn	动(v.)	take exercise
4. 太极拳*	tàijíquán	名(n.)	shadowboxing
5. 健身操*	jiànshēncāo	名(n.)	body mechanics
6. 一般	yībān	副(adv.)	commonly
7. 健身房*	jiànshēnfáng	名(n.)	gymnasium
8. 其他	qítā	代(pron.)	other
9. 跟……一样	gēn……yīyàng		be the same with
10. 不同	bùtóng	形(a.)	different
11. 只要……就……	zhǐyào……jiù……		as long as
12. 躺	tǎng	动(v.)	lie
13. 绝对	juéduì	副(adv.)	absolutely
14. 发愁	fā chóu		worry, be anxious
15. 睡着	shuì zháo		fall asleep
16. 年卡*	nián kǎ	名(n.)	yearly card
17. 没想到	méi xiǎngdào		beyond sb's expectation
18. 减肥	jiǎn féi	动(v.)	lose weight
19. 再也没(有)	zài yě méi(yǒu)		never afterwards
20. 花	huā	动(v.)	spend
21. 心理	xīnlǐ	名(n.)	psychology
22. 健康	jiànkāng	形(a.)	healthy
23. 约	yuē	动(v.)	make appointment with…
24. 同事	tóngshì	名(n.)	colleague

语言点中文注释

1. 可能补语

在动词和结果补语或趋向补语之间加上结构助词"得",就构成了可能补语。可能补语表示主观条件或客观条件是否容许实现某种结果或趋向,即可能不可能。可能补语的否定是将"得"用"不"来代替,即"听不懂""出不来";疑问式可以在句尾用"吗",也可以采用肯定和否定并列的正反疑问形式。例如:

这种传统的北京早餐现在还吃得到吗?

卖传统早餐的饭馆越来越少,现在已经吃不到了。

A:我们现在去机场,吃饭以前回得来回不来?

B:机场不太远,吃饭以前我们回得来。

2. 跟 A 一样,B 也……

表示 B 和 A 在某一点上相同,没有差别。例如:

跟哥哥一样,弟弟也不吃宫保鸡丁。

3. 只要……就……

表示具备了某个条件之后,就足够了,一定会引起某种结果。例如:

只要你学会讲价,就可以买到又便宜又好的东西。

4. 再也不/没(有)

表示动作不重复或不继续下去,有"永远不"或"从过去到现在都没有"的意思。例如:

那个老板的脸色太难看了,我再也不去那家商店买东西了。

上次点菜让小张太不好意思了,以后小张再也没帮客人点过菜。

第二单元 休闲娱乐
第六课 夜生活

第六课
夜生活

热身

你知道这些都是什么地方吗？
你晚上常常去什么地方？做什么？

① 不是……就是……
It indicates that there must be one out of two facts that is true.
- 她每个周末不是去公园打太极拳就是去健身房跑步。

② 另外
It refers to the person, thing or situation besides what is mentioned in the context. It can be put before the noun or verb, or stand alone to connect sentences or paragraphs.
- 这是另外一个问题,明天再说吧。
- 我另外想了一个办法。
- 你得吃药,打针。另外,还要多休息,多喝水,感冒很快就会好的。

③ 无论……都……
It is used in sentences in which interrogative pronouns are used or alternatives are paralleled, indicating that the result will change on no condition.
- 无论在哪儿你都能看到出租汽车。
- 无论天气好不好,公园里都会有锻炼身体的人。

④ 在……中
It may refer to a process or a range.
- 在讲价中,我们练习了汉语。
- 在我认识的人中,喜欢打麻将的不太多。

白天,我们的生活都差不多,不是工作就是①学习。但是一到晚上,我们就会开始另外②一种生活——夜生活。

20世纪80年代的中国城市,天黑以后大街上的人就不多了。那时中国人的夜生活都一样:吃完饭,坐在家里看电视。当然现在有的人还会这样度过他们的夜生活。对他们来说,电视的内容不重要,只要故事热闹,能让他们轻松地度过一个晚上就行了。

不过现在跟以前不一样:城市的夜晚比以前漂亮多了,人们的夜生活也丰富多了。

吃是城市夜生活的重要组成部分,无论高级的饭店还是街边的大排档,晚上都③是生意最好的时候。大多数年轻人的夜晚在酒吧或歌厅里度过,在聊天和唱歌中④认识新朋友,了解老朋友。大多数老年人不但在早上锻炼身体,他们的夜生活也离不开锻炼,在公园、在广场,只要天气好,就总能看到一些老年人在跳舞或扭秧歌。也有很多人喜欢打麻将,边玩儿边聊,又轻松又自在。还有一些人会在这个时候读书、学习,他们是我最佩服的人。

第二单元 休闲娱乐
第六课 夜生活

生词

1. 差不多	chàbuduō		almost
2. 不是……就是……	bù shì……jiù shì……		not...but...
3. 另外	lìngwài	代(pron.)	other
4. 夜生活	yèshēnghuó		night life
5. 世纪	shìjì	名(n.)	century
6. 年代	niándài	名(n.)	age, era
7. 度过	dùguò	动(v.)	get through
8. 内容	nèiróng	名(n.)	content
9. 轻松	qīngsōng	形(a.)	relaxed
10. 丰富	fēngfù	形(a.)	rich, abundant
11. 组成	zǔchéng	名(n.)	compose
12. 部分	bùfen	名(n.)	part
13. 无论……都……	wúlùn……dōu……		no matter what
14. 大排档*	dàpáidàng	名(n.)	sidewalk snack booth
15. 生意	shēngyi	名(n.)	business
16. 酒吧	jiǔbā	名(n.)	bar, public house
17. 歌厅	gētīng	名(n.)	KTV
18. 在……中	zài……zhōng		in the process of
19. 了解	liǎojiě	动(v.)	understand
20. 离不开	lí bu kāi		indispensable for
21. 广场	guǎngchǎng	名(n.)	square
22. 扭秧歌*	niǔ yāngge		do the *yangko* dance
23. 麻将*	májiàng	名(n.)	mahjong
24. 自在	zìzai	形(a.)	at ease
25. 佩服	pèifú	名(n.)	esteem

语言点中文注释

1. 不是……就是……

表示两项之中必有一项是事实。例如：

她每个周末不是去公园打太极拳就是去健身房跑步。

2. 另外

表示上文所说范围之外的人、事或情况。可以放在名词或动词之前，还可以连接句子甚至段落。例如：

这是另外一个问题，明天再说吧。

我另外想了一个办法。

你得吃药，打针。另外，还要多休息，多喝水，感冒很快就会好的。

3. 无论……都……

用于表示任指的疑问代词或有表示选择关系的并列成分的句子里，表示在任何条件下结果或结论都不会改变。例如：

无论在哪儿你都能看到出租汽车。

无论天气好不好，公园里都会有锻炼身体的人。

4. 在……中

"在+动词+中"可以指过程或范围。例如：

在讲价中，我们练习了汉语。

在我认识的人中，喜欢打麻将的不太多。

第二单元 休闲娱乐
第七课 外来人

第七课
外　来　人

热身

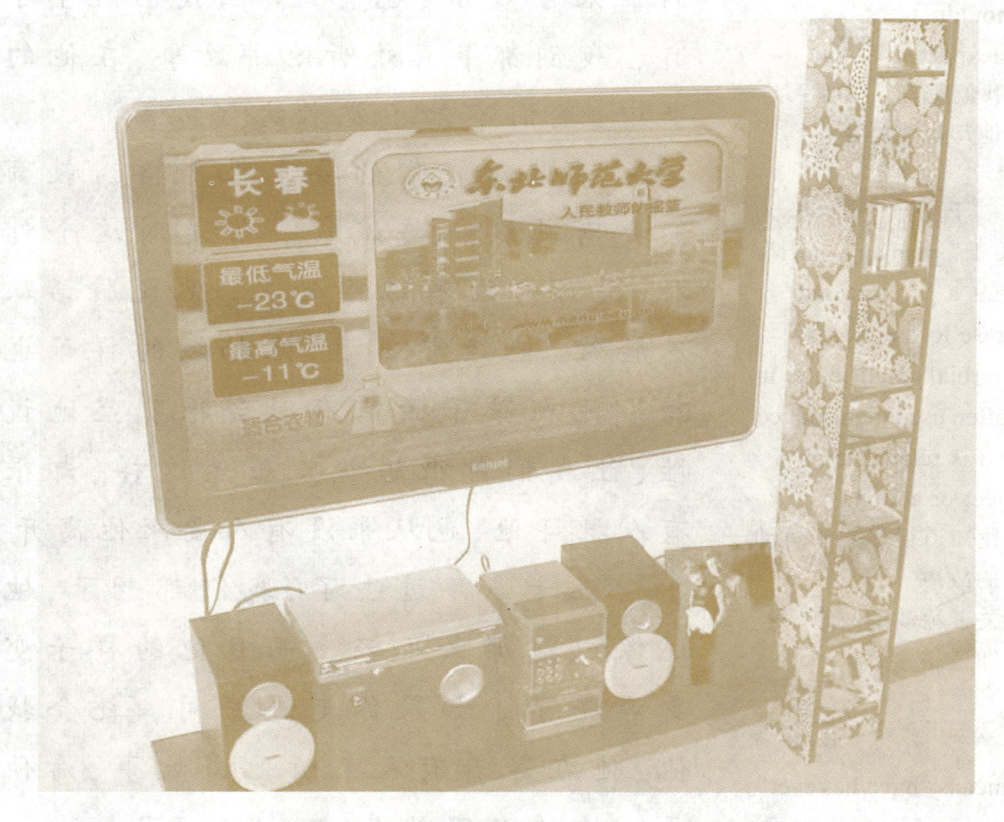

你常常看电视吗？
你喜欢看什么节目？为什么？
你觉得看电视有什么好处和坏处？

① 任何
It means "any". When it modifies a noun, usually there is no "的" in between. Usually it does not modify monosyllables except "人" and "事".
■ 他没有任何经验。

② 却
It is a turn in one's tone, implying the meaning of "shouldn't" or "unexpected".
■ 我们都在认真学习，他却出去玩了。

③ 关于
"关于" plus an object forms a prepositional phrase to function as adverbial or attribute. It is often used to introduce what is related to an object or action.
■ 我知道很多关于运动的故事。
■ 关于运动的故事，我知道很多。

④ 曾经
It means "have/has ever", it is normally used with "过".
■ 我曾经办过健身房的年卡。

　　我出生的时候，这个外来人就住在我们家里了。虽然他跟我们没有任何①关系，但在我们家里却②是一个很重要的人。

　　他很会讲故事。只要是过去的事，无论是关于③历史还是关于文化，他都能讲得很有意思，还会画好看的图画。不过，以后会发生什么事，他知道的却不多。他讲的故事有真有假，都很吸引人。他给我们带来了欢乐，也曾经④让我们流下了眼泪。我们都很喜欢听他讲故事，在他的故事中，我们不知不觉长大了。

　　父母对我们的要求很严格，教育我们要有礼貌，要诚实。但是对这个外来人，父母却没有这些要求。他说脏话从来不脸红，他经常喝酒，他抽烟的样子也很酷。他在孩子面前有时会很明显地说到性，让我们都很尴尬。虽然这样，却很少有人批评他，也从来没有人要求他离开。

　　五十多年过去了，我们都老了，他却还像以前那么年轻，而且他的样子变得更漂亮了。如果你走进房间，还会找到他，他在等着有人来听他讲故事，看他画画。他的名字就是……"电视"。

作者：佚名。摘自《青年文摘》2007年第5期，有改动。

第二单元 休闲娱乐
第七课 外来人

生 词

1. 外来人	wàiláirén		comeling
2. 任何	rènhé	形(a.)	any
3. 关系	guānxì	名(n.)	relationship
4. 却	què	副(adv.)	but, however
5. 关于	guānyú	介(prep.)	about
6. 文化	wénhuà	名(n.)	culture
7. 发生	fāshēng	动(v.)	happen
8. 假	jiǎ	形(a.)	false, fake
9. 吸引	xīyǐn	动(v.)	attract
10. 曾经	céngjīng	副(adv.)	at one time
11. 流	liú	动(v.)	shed, flow
12. 眼泪	yǎnlèi	名(n.)	tear
13. 不知不觉	bù zhī bù jué		unconsciously
14. 要求	yāoqiú	名(n.)	demand, request
15. 严格	yángé	形(a.)	strict
16. 教育	jiàoyù	动(v.)	educate
17. 诚实	chéngshí	形(a.)	honest
18. 脏话	zānghuà	名(n.)	bad words, foul language
19. 样子	yàngzi	名(n.)	appearance
20. 酷	kù	形(a.)	cool
21. 面前	miànqián	名(n.)	in (the) face of
22. 明显	míngxiǎn	形(a.)	obvious
23. 性	xìng	名(n.)	sex
24. 尴尬	gāngà	形(a.)	embarrassed
25. 批评	pīpíng	动(v.)	criticize

语言点中文注释

1. 任何
表示不论什么，不做谓语。修饰名词时一般不带"的"，除了"人"和"事"以外不修饰单音节名词，后面常有"都"或"也"跟"任何"呼应。例如：
他没有任何经验。

2. 却
表示语气上的转折，常暗含着"不应该"或"出乎意料"的语气。可以和"但是""可是"一起用，例如：
我们都在认真学习，他却出去玩了。

3. 关于
用来引进某种事物或行为的关系者，与之组成介宾结构，一般作状语或定语。例如：
我知道很多关于运动的故事。
关于运动的故事，我知道很多。

4. 曾经
表示从前有过某种行为或情况。例如：
我曾经办过健身房的年卡。

第八课
我爱做饭

热 身

你会做饭吗？会做什么饭？
你喜欢在家自己做饭还是去饭馆点菜吃饭？为什么？

① 与 A 相比，B……
This structure is used to make comments on B after comparing it with A.
- 与看电视相比，看书对孩子更有好处。

② 既……又……
It means that one thing/person has the character of two aspects. Verbs or adjectives are used in this structure in a symmetrical way.
- 他既抽烟又喝酒。
- 我们的夜生活既轻松又丰富。

③ 把字句
（把……V.在/到……）
This structure means that the object arrives at certain place by certain action.
- 我把作业本放在桌子上了。

④ 只有……才……
This structure is to stress the unique condition for something to happen.
- 你只有尊重别人，别人才会尊重你。

　　每个人都有业余爱好：有的爱看书，有的爱运动，有的爱唱歌，有的爱跳舞。与别人的爱好相比①，我的爱好显得有点儿俗：我爱做饭！

　　每个人都喜欢吃美味的食物，但是，不是每个人都喜欢做美味的食物。很多人说做饭既浪费时间又②影响美容，还是去饭馆省事。但是我却觉得做饭是一种享受：把③一些没有任何关系的食物放在一起，做成好吃的饭菜；把这些饭菜端到桌子上，看着家人和朋友享受我做的美味……对我来说，这个过程就是最大的快乐。

　　有人说过，只要去看看一个人家里的食物，就可以知道他聪明不聪明。怎样能吃到美味的食物呢？对大多数家庭来说，雇厨师做饭不太现实，每天去饭馆吃饭也有吃腻的时候。只有靠我们自己的大脑和双手，才④能满足自己对食物的要求。中国有句俗话叫"民以食为天"，意思是说吃饭是我们生活中最重要的事情。虽然现代人都很忙，可是照顾好自己和家人是享受生活的第一步。

第二单元 休闲娱乐
第八课 我爱做饭

生词

1. 业余	yèyú	名(n.)	amateur
2. 与……相比	yǔ……xiāng bǐ		compare with
3. 显得	xiǎnde	动(v.)	seem
4. 俗	sú	形(a.)	vulgar
5. 美味	měiwèi	形(a.)	delicious
6. 食物	shíwù	名(n.)	food
7. 既……又……	jì……yòu……		as well as
8. 浪费	làngfèi	动(v.)	waste
9. 影响	yǐngxiǎng	动(v.)	affect, influence
10. 美容	měiróng	动(v.)	improve one's looks
11. 省事	shěng shì		save trouble
12. 享受	xiǎngshòu	动(v.)	enjoy
13. 过程	guòchéng	名(n.)	process
14. 雇	gù	动(v.)	employ
15. 厨师*	chúshī	名(n.)	chef
16. 现实	xiànshí	形(a.)	realistic
17. 腻	nì	形(a.)	be bored of
18. 只有……才……	zhǐyǒu……cái……		only if
19. 靠	kào	动(v.)	rely on, depend on
20. 大脑	dànǎo	名(n.)	brain
21. 满足	mǎnzú	动(v.)	meet (needs/demands)
22. 俗话	súhuà	名(n.)	common saying
23. 民以食为天	mín yǐ shí wéi tiān		People regard food as their prime want.
24. 照顾	zhàogù	动(v.)	take care of
25. 第一步	dì yī bù		first step

语言点中文注释

1. 与 A 相比，B……

表示通过与 A 的比较，对 B 作出评价。例如：

与看电视相比，看书对孩子更有好处。

2. 既……又……

表示同时具有两个方面的性质或情况。用来连接动词或形容词（结构和音节数目相同）。例如：

他既抽烟又喝酒。

我们的夜生活既轻松又丰富。

3. 把字句（把……V. 在/到……）

当主要动词后有结果补语"在"或"到"以及表示处所的宾语，说明受处置的人或事物通过动作处于某地或到达某地时，一般要用"把"字句。例如：

我把作业本放在桌子上了。

4. 只有……才……

表示某条件是唯一有效的，其他条件都不行。例如：

你只有尊重别人，别人才会尊重你。

第二单元语言点总结

1. 可能补语（第五课）
这时一般看不到年轻人。

2. 跟 A 一样，B 也……（第五课）
跟其他年轻人一样，小张也常常去健身房。

3. 只要……就……（第五课）
他只要能躺着就绝对不会坐着。

4. 再也不 / 没 (有)（第五课）
没想到小张去了健身房以后，不但减肥了，而且再也没有进过医院的大门。

5. 不是……就是……（第六课）
白天，我们的生活都差不多，不是工作就是学习。

6. 另外（第六课）
一到晚上，我们就会开始另外一种生活——夜生活。

7. 无论……都……（第六课）
无论高级的饭店还是街边的大排档，晚上都是生意最好的时候。

8. 在……中（第六课）
在聊天和唱歌中认识新朋友，了解老朋友。

9. 任何（第七课）

虽然他跟我们没有任何关系，但在我们家里却是一个很重要的人。

10. 却（第七课）

虽然他跟我们没有任何关系，但在我们家里却是一个很重要的人。

11. 关于（第七课）

只要是过去的事，无论是关于历史还是关于文化，他都能讲得很有意思。

12. 曾经（第七课）

他给我们带来了欢乐，也曾经让我们流下了眼泪。

13. 与 A 相比，B……（第八课）

与别人的爱好相比，我的爱好显得有点儿俗。

14. 既……又……（第八课）

很多人说做饭既浪费时间又影响美容，还是去饭馆省事。

15. 把字句（把……V. 在/到……）（第八课）

把一些没有任何关系的食物放在一起，做成好吃的饭菜。

16. 只有……才……（第八课）

只有靠我们自己的大脑和双手，才能满足自己对食物的要求。

第三单元
个人经历

第三单元学习目标

熟练掌握并灵活运用该课的语言点；掌握主要生词的意义和用法；正确书写重点汉字；流畅地阅读课文，理解相关文章。

第九课要求：

学习部分标点符号的正确用法；正确运用本课所学的语言点和关键词描述自己难忘的经历，练习写说明。

第十课要求：

正确运用本课所学的语言点和关键词描述自己上当的经历，练习对文章的续写。

第十一课要求：

正确运用本课所学的语言点和关键词描述自己在国外的经历，练习写游记。

第十二课要求：

正确运用本课所学的语言点和关键词描述自己出洋相的经历，练习续写。

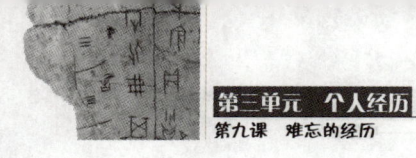

第三单元　个人经历
第九课　难忘的经历

第九课
难忘的经历

热身

你经常乘电梯吗？你认为乘电梯安全吗？
如果碰到电梯出问题了，你会怎么办？

① 一下子
It means that something happens suddenly or gets done in a very short time.
■ 天一下子就热了。
■ 我一下子就把杯子里的水喝完了。

② 说不定
It means something is likely to happen.
■ 今天下午说不定会下雨。

③ 正好
It implies a perfect level in terms of time, space, amount, degree, etc.
■ 我刚出门,车正好来了。

④ 仿佛
It means "it seems...".
■ 见到老朋友,我仿佛又回到了十年以前。

我家住在25层。上个月的一个星期六,我跟平时一样乘电梯回家,电梯里只有我一个人。突然电梯里的灯暗了,然后电梯一下子①停住了。我害怕极了,忍不住大声喊:"有人吗?有没有人啊……救命啊!"可是没有人回答我。

我按了几下电梯里的报警器,报警器没有反应。我想说不定②电梯正好③停在出口,也许打开门我就能出去了。我试着向两边推电梯门,但是门打开以后我吃惊地发现对面是黑色的墙!我一下子就傻了。我拿出手机来,想给家人或者朋友打个电话,可是手机没有信号!我完全绝望了,眼泪不知不觉地流了下来。因为不知道还能做什么,我只好郁闷地打开手机中的音乐,在黑暗的电梯里面听音乐。后来过了很长时间,电梯里的灯突然亮了。电梯外面有人在大声地问:"你还好吗?"听到这个声音,我仿佛④从地狱一下子又回到了人间。

这件事情已经过去一个月了,很长时间我都不敢一个人乘电梯。这个经历太难忘了!

第三单元 个人经历
第九课 难忘的经历

生词

1. 难忘	nánwàng	形(a.)	unforgettable
2. 经历	jīnglì	名(n.)	experience
3. 平时	píngshí	名(n.)	as usual
4. 乘	chéng	动(v.)	take, ride
5. 电梯*	diàntī	名(n.)	elevator
6. 暗	àn	形(a.)	dark
7. 一下子	yīxiàzi		all of a sudden
8. 大声	dà shēng		loud
9. 喊	hǎn	动(v.)	shout
10. 救命	jiùmìng	动(v.)	help, save sb.'s life
11. 按	àn	动(v.)	press
12. 报警器*	bàojǐngqì	名(n.)	annunciator, alarm
13. 反应	fǎnyìng	动(v.)	react
14. 说不定	shuōbudìng		maybe
15. 正好	zhènghǎo	副(adv.)	just right
16. 推	tuī	动(v.)	push
17. 对面	duìmiàn	名(n.)	opposite
18. 墙	qiáng	名(n.)	wall
19. 傻	shǎ	形(a.)	shocked, silly
20. 信号	xìnhào	名(n.)	signal
21. 绝望	juéwàng	形(a.)	desperate
22. 郁闷	yùmèn	形(a.)	gloomy, unhappy
23. 后来	hòulái	连(conj.)	afterwards
24. 声音	shēngyīn	名(n.)	sound
25. 仿佛	fǎngfú	副(adv.)	as if
26. 地狱	dìyù	名(n.)	hell
27. 人间	rénjiān	名(n.)	the world

语言点中文注释

1. 一下子

表示动作或事情发生得很突然，很快，或是在很短的时间内很快完成。例如：

天一下子就热了。

我一下子就把杯子里的水喝完了。

2. 说不定

表示有某种可能。例如：

今天下午说不定会下雨。

3. 正好

"正好"的意思是恰巧、巧合，表示时间不早不晚，空间不前不后，数量不多不少，程度不高不低等。可以放在动词或动词性词语前也可以单说或单独作谓语，回答问题。例如：

我刚出门，车正好来了。

4. 仿佛

表示好像、似乎。例如：

见到老朋友，我仿佛又回到了十年以前。

第三单元 个人经历
第十课 上当

第十课
上 当

热身

你上过当吗？在什么地方？被谁骗了？
说一说你上当的经历。

① 把……V. 给 / 趋向补语
When the main verb is followed by a directional complement or "给" with an object indicating the recipient of the action, the 把-sentence is used.
- 请把这个包放进车里去。
- 我把那本书借给了小张。

② V. 下（来）
Here this structure emphasizes a fixed result.
- 他花了一千块钱买下来这辆自行车。

③ V. 得 / 不了 (liǎo)
It means there is (no) possibility to get something done.
- 这碗饭太多了，我吃不了。
- 今天我没有时间，去不了长城。

④ V. 坏了
Psycho verbs or adjectives plus "坏了" indicates a high degree of a state of being or an action.
- 孩子还没有回来，妈妈急坏了。

一天我下班回家，一个陌生人突然拦住了我，让我把①十元钱交给正在路口卖花的一个小姑娘。我担心上当，说："抱歉，我没有时间。"没想到他说："我不是骗子，你要是不帮我，就伤害了一颗金子般的心。"我好奇地停了下来②。原来他看见一个女人买了那个小姑娘的一些花，可是钱不够了，她让小姑娘等着，她马上就把钱送回来。可是那个女人却再也没有回来。他劝小姑娘回去，但是小姑娘不相信女人骗了她，也不要他给的钱，还在路口执着地等着。他让我把这十元钱转交给小姑娘，告诉她那个女人来不了③了。我很感动，拿着钱来到了十字路口。

没想到小姑娘说那个女人买了二十朵花，应该给一百元钱。为了不让小女孩怀疑我，我装作恍然大悟的样子说："对、对，是一百元，我太粗心，糊涂了。"小姑娘拿着我的一百元钱，高兴地走了。我也很开心，觉得自己做了一件大好事。

半个月后，我又看到了那个陌生人，这次他也拿着十元钱跟一个年轻人说了什么，年轻人找到小姑娘后做了跟我一样的事情。年轻人走后，我看到小姑娘把一百元钱交给了那个男人。我气坏了④，写了一张纸条请一个小男孩交给那个男人。

我在纸条上写着："别伤害了金子般的心。"

根据何长安的小说《别伤害了金子般的心》改写，摘自《故事会》2007年第6期。

第三单元 个人经历
第十课 上当

生词

1. 陌生	mòshēng	形(a.)	strange
2. 拦	lán	动(v.)	stop sb.
3. 交	jiāo	动(v.)	deliver
4. 路口	lùkǒu	名(n.)	crossing
5. 姑娘	gūniang	名(n.)	girl
6. 担心	dānxīn		worry
7. 上当	shàng dàng	动(v.)	be taken in, be fooled
8. 抱歉	bàoqiàn	形(a.)	be sorry
9. 骗子	piànzi	名(n.)	swindler, cheat
10. 伤害	shānghài	动(v.)	hurt
11. 颗	kē	量(m.w.)	measure word for small spheres
12. 金子	jīnzi	名(n.)	gold
13. 般	bān	助(aux.)	sort, kind
14. 好奇	hàoqí	形(a.)	curious
15. 原来	yuánlái	副(adv.)	originally
16. 劝	quàn	动(v.)	try to persuade
17. 执着	zhízhuó	形(a.)	persistence
18. 转交	zhuǎnjiāo	动(v.)	pass on to sb. else
19. 感动	gǎndòng	动(v.)	moving, to move(sb.)
20. 朵	duǒ	量(m.w.)	measure word for flower or cloud
21. 怀疑	huáiyí	动(v.)	doubt
22. 装作……的样子	zhuāngzuò……de yàngzi		pretend to be
23. 恍然大悟	huǎngrán dà wù		suddenly realize the truth
24. 粗心	cūxīn	形(a.)	careless
25. 糊涂	hútu	形(a.)	muddled
26. 纸条	zhǐtiáo	名(n.)	note

语言点中文注释

1. 把……V. 给/趋向补语

主要动词后有趋向补语，或者有结果补语"给"和表示对象的宾语，一般要用"把"字句。例如：

请把这个包放进车里去。

我把那本书借给了小张。

2. V. 下(来)

有时又是结果固定的意思。例如：

他花了一千块钱买下来这辆自行车。

3. V. 得 / 不了(liǎo)

表示有无可能做完或完成某事。例如：

这碗饭太多了，我吃不了。

今天我没有时间，去不了长城。

4. V. 坏了

表示程度深。多用在表示心理状态的动词或形容词的后边。不能插入"得""不"。例如：

孩子还没有回来，妈妈急坏了。

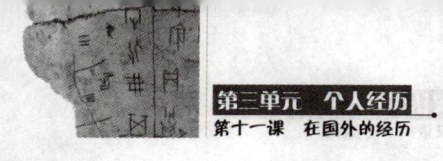

第三单元 个人经历
第十一课 在国外的经历

第十一课
在国外的经历

热 身

你都去过哪些国家？给你印象最深的是哪个国家？
你在国外最难忘的经历是什么？

① 连忙
It means "promptly" or "at once".
- 看到老人上了公共汽车,大家连忙站起来让座。

② 来得/不及
It means having enough/no time to do something.
- 八点钟上课,他七点五十才起床,来不及吃早饭了。

③ 只能
It means having no other choices.
- 电梯坏了,我只能走楼梯了。

④ 恐怕
It means being afraid of or worrying about something. It is followed by verb phrases but not clauses.
- 那个阿姨说要回来的,但是再也没有回来,我恐怕上当了。

　　一位叫李丽的中国姑娘在英国上大学。有一天,她为了找工作要坐火车去另外一个城市参加一个重要的考试。早上她正在家里认真准备的时候,没想到手表突然停了。当她发现这个问题的时候,还有17分钟火车就要开了。李丽来不及多想,连忙①跑下楼去,直奔公共汽车站。

　　她跳上一辆公共汽车后才发现这辆车下一个十字路口就转弯,李丽急得直跺脚。这时车上一位六十多岁的老太太问:"姑娘,怎么啦?"李丽告诉老人她碰到的麻烦。老人安慰她说:"别着急,可能还来得及②。我也是在这一站下车,我知道一条去火车站的近路。"

　　公共汽车一停,老人就下了车,她还带了四个六七岁的小孩。老人说:"孩子们,这位小姐需要我们的帮助。我们拉起手来一起跑吧!"李丽没有别的选择,只能③跟着他们一起跑。一路上,看到拉着手拼命向前跑的老人和孩子,司机们都停下车来让他们先过。闯过了几个红灯后,老人说:"快去吧!那就是火车站,你只有五分钟了!"李丽不知道应该怎么感谢这位老人。

　　这时,一个累得坐在地上的孩子问:"奶奶,我们还回汽车站吗?""当然,孩子,快站起来,我们还得坐车去学校,恐怕④要迟到了!"老人回答说。

根据《新法制报》2006年12月8日孙贵颂的同名文章改编。

第三单元 个人经历
第十一课 在国外的经历

生 词

1. 参加 cānjiā 动(v.) take part in
2. 来不及 láibují it's too late to do sth.
3. 连忙 liánmáng 副(adv.) promptly, at once
4. 直 zhí 副(adv.) straightly
5. 奔 bèn 动(v.) rush
6. 转弯 zhuǎnwān 动(v.) turn
7. 急 jí 形(a.) anxious
8. 直 zhí 副(adv.) continuously
9. 跺脚 duòjiǎo 动(v.) stamp one's feet
10. 老太太* lǎotàitai old lady
11. 碰到 pèng dào 动(v.) come up against
12. 麻烦 máfan 名(n.) trouble
13. 安慰 ānwèi 动(v.) comfort, console
14. 近路 jìn lù 名(n.) a short cut
15. 拉 lā 动(v.) pull, draw
16. 选择 xuǎnzé 动(v.) choose
17. 只能 zhǐnéng 副(adv.) have no choice but to
18. 一路上 yī lù shàng all the way
19. 拼命 pīn mìng exerting the utmost strength
20. 闯 chuǎng 动(v.) rush, break through
21. 红灯* hóngdēng 名(n.) red light
22. 感谢 gǎnxiè 动(v.) thank
23. 恐怕 kǒngpà 副(adv.) (I'm) afraid (that), perhaps
24. 回答 huídá 动(v.) answer

语言点中文注释

1. 连忙

表示在意识到某种情况后,立即作出某种行动或动作。例如:

看到老人上了公共汽车,大家连忙站起来让座。

2. 来得/不及

表示有足够的时间或没有足够的时间做某事。例如:

八点钟上课,他七点五十才起床,来不及吃早饭了。

3. 只能

表示没有别的选择,只好。例如:

电梯坏了,我只能走楼梯了。

4. 恐怕

表示估计和担心,"恐怕"后跟动词短语,但不能跟小句。例如:

那个阿姨说要回来的,但是再也没有回来,我恐怕上当了。

第三单元 个人经历
第十二课 出洋相

第十二课
出洋相

热 身

哈哈！有人出洋相了！
你出过洋相吗？在什么地方？出洋相以后你常常做什么？
看到别人出了洋相，你一般怎么做？

① V.上
It means bringing from a separate to a closed position or adding something to some place by certain action.
- 门关上了。
- 请在这里写上你的名字。

② 要……有……
It means having everything needed.
- 现在的生活比过去好多了,要吃的有吃的,要穿的有穿的。
- 我们一定会帮助他们,要钱有钱,要人有人。

③ 特意
It means out of some special purpose.
- 他昨天特意来看你,可是你不在。

④ 果然
It means that the fact accords with what is heard or expected.
- 听说这本书很好,我昨天看完了,果然不错。

虽然已经到春天了,可天气还很冷,穿着毛衣,再穿上①西装还觉得有点冷。为了既要风度又要温度,我拿着两千元钱去了商场。正好碰上商场在打折,我马上就买下了一件大衣。穿上这件大衣,再照照镜子:深色西装,再配上大衣,真精神!要风度有②风度,要温度有温度,帅极了!我兴奋得不得了,这个时候只想出去走一走,看看别人羡慕的目光。

正好这时女朋友打电话来约我去她家吃饭。我高兴极了!拿上钱包就走出了商场。外面风很大,我把西装的扣子扣上,把手放在大衣口袋里,挺直了腰。我注意到,街上人们的目光都被我吸引住了,有几个人还笑了笑。俗话说"人靠衣服,马靠鞍",说得真对。我又把腰挺了挺,让你们羡慕吧!

到了女朋友家,为了吸引女朋友的注意,我大声说:"屋里真暖和,大衣可以脱了。"我特意③把"大衣"两个字说得很重。果然④,女朋友开始注意我的大衣了!咦?怎么脱不下来?啊呀!原来大衣的扣子扣到了西装的扣眼儿里!更尴尬的是,在大衣的袖口儿上还挂着一个价签,价签上用红色的大字写着"三折"!

根据2007年3月5日《江南时报》常忠喜的同名文章改编。

第十二课 出洋相

生词

1. 出洋相	chū yángxiàng			make a spectacle of oneself
2. 西装*	xīzhuāng	名(n.)		suit
3. 风度	fēngdù	名(n.)		style
4. 温度	wēndù	名(n.)		temperature
5. 照	zhào	动(v.)		to reflect, photograph
6. 镜子	jìngzi	名(n.)		mirror
7. 深	shēn	形(a.)		dark (color)
8. 配	pèi	动(v.)		match
9. 帅	shuài	形(a.)		handsome
10. 兴奋	xīngfèn	形(a.)		exciting
11. 羡慕	xiànmù	动(v.)		admire
12. 目光	mùguāng	名(n.)		look, sight, view
13. 扣子	kòuzi	名(n.)		button
14. 扣	kòu	动(v.)		clasp
15. 口袋*	kǒudai	名(n.)		pocket
16. 挺	tǐng	动(v.)		hold to be straight
17. 腰	yāo	名(n.)		back
18. 注意	zhùyì	动(v.)		notice
19. 鞍*	ān	名(n.)		saddle
20. 脱	tuō	动(v.)		take off
21. 特意	tèyì	副(adv.)		especially
22. 重	zhòng	形(a.)		heavy
23. 果然	guǒrán	副(adv.)		sure enough, really
24. 咦	yí	叹(interj.)		mimetic word for query
25. 扣眼儿*	kòuyǎnr	名(n.)		grommet
26. 袖口儿*	xiùkǒur	名(n.)		cuff (of a sleeve)
27. 价签*	jiàqiān	名(n.)		price tag

语言点中文注释

1. V. 上

表示动作有了结果，有时表示原本分离的两物合拢，有时表示通过动作使某物存在或添加于某处。例如：

门关上了。

请在这里写上你的名字。

2. 要……有……

表示具备了所有需要的东西，常用于对举。例如：

现在的生活比过去好多了，要吃的有吃的，要穿的有穿的。

我们一定会帮助他们，要钱有钱，要人有人。

3. 特意

表示出于某种特定的目的。例如：

他昨天特意来看你，可是你不在。

4. 果然

表示事实与所说或所料相符。用在谓语动词、形容词或主语前。例如：

听说这本书很好，我昨天看完了，果然不错。

第三单元语言点总结

1. 一下子（第九课）

突然电梯里的灯暗了，然后电梯一下子停住了。

2. 说不定（第九课）

我想说不定电梯正好停在出口。

3. 正好（第九课）

我想说不定电梯正好停在出口。

4. 仿佛（第九课）

我仿佛从地狱一下子又回到了人间。

5. 把……V. 给/趋向补语（第十课）

他让我把这十元钱交给正在路口卖花的一个小姑娘。

6. V. 下(来)（第十课）

我好奇地停了下来。

7. V. 得 / 不了(liǎo)（第十课）

告诉她那个女人来不了了。

8. V. 坏了（第十课）

我气坏了。

9. 连忙（第十一课）

李丽来不及多想，连忙跑下楼去，直奔公共汽车站。

10. 来得/不及（第十一课）

李丽来不及多想，连忙跑下楼去，直奔公共汽车站。

11. 只能（第十一课）

李丽没有别的选择，只能跟着他们一起跑。

12. 恐怕（第十一课）

孩子，快站起来，我们还得坐车去学校，恐怕要迟到了！

13. V. 上（第十二课）

穿着毛衣，再穿上西装还觉得有点冷。

14. 要……有……（第十二课）

要风度有风度，要温度有温度，帅极了！

15. 特意（第十二课）

我特意把"大衣"两个字说得很重。

16. 果然（第十二课）

果然，女友开始注意我的大衣了！

第四单元

人际交往

第四单元学习目标

　　熟练掌握并灵活运用该课的语言点；掌握主要生词的意义和用法；正确书写重点汉字；流畅地阅读课文，理解相关文章。

　　第十三课要求：

　　正确运用本课所学的语言点和关键词描述自己上网的经历，练习写读后感。

　　第十四课要求：

　　正确运用本课所学的语言点和关键词描述不同国家的送礼习俗和有趣的送礼故事。

　　第十五课要求：

　　正确运用本课所学的语言点和关键词用信件的方式表达自己的观点和看法。

　　第十六课要求：

　　正确运用本课所学的语言点和关键词描述餐桌礼仪，练习写信封。

第四单元　人际交往
第十三课　网络与隐私

第十三课
网络与隐私

热　身

你常常上网吗？你利用互联网做什么？
你在互联网上用不用你的真实姓名？为什么？
你认为在网上公开别人的个人信息好吗？

① 根本

It is often used in negative sentences, indicating a complete negation.

■ 你们都以为我对上海很了解,可是我根本没去过上海。

② 连……都……

It is to affirm or negate something by giving an extreme example.

■ 他的中文水平很高,连中国古代小说都看得懂。

③ 总之

It is used to summarize or generalize.

■ 对他说的话,有的人同意,有的人怀疑,有的人批评,总之,每个人都有自己的看法。

④ V.出来

It means discovering or recognizing something through identification or some other action.

■ 这是可乐,我喝出来了!
■ 他今天有点儿不高兴,我们都看出来了。

你认识我吧?我想你肯定认识我!因为一年前的一个小动作,现在我已经成了一个透明的人了。

那天我的心情跟天气一样糟糕。我很郁闷地走在路上,发现路边刚安了两个垃圾桶。不知道为什么,我对着平时根本①不会去碰一下的垃圾桶狠狠地踢了一脚。没想到这一脚完全改变了我的生活。

在我踢垃圾桶的时候,有一个人把我那一瞬间的动作和表情用照相机拍了下来,还把这张照片发到了互联网上,大半个中国的人都知道了这件事,都看到了我踢垃圾桶时"丑恶"的样子。大家在照片下面写的批评多得我都看不完了。他们还根据照片找到了我本人,调查出了我的地址、电话、身高、体重、业余爱好、生活习惯等等。连我上小学迟到了几次,跟同学打过几次架,揪过几次女同学的头发都②调查出来了。总之③,我从小就是一个坏人。

单位请我离开,因为要调查我的电话太多了,同事们已经不能正常工作了。妈妈也把我推出了家门,因为他们把家里的电话都要打爆了。我不知道我还可以去哪里,因为无论我走到哪儿,大家都能认出我来④。在没有互联网以前,我只是在认识的人中间没有隐私;现在,我在所有的人面前都没有隐私了。现在你知道我是谁了吧!

作者:非鱼。摘自《小小说选刊》2007年第6期,有改动。

第四单元 人际交往
第十三课 网络与隐私

生词

1. 网络*	wǎngluò	名(n.)	internet
2. 隐私	yǐnsī	名(n.)	privacy
3. 肯定	kěndìng	形(a.)	must be
4. 动作	dòngzuò	名(n.)	move, action
5. 透明	tòumíng	形(a.)	transparent, open (non-secretive)
6. 安	ān	动(v.)	set
7. 垃圾桶*	lājītǒng	名(n.)	rubbish bin
8. 根本	gēnběn	副(adv.)	ultimately, absolutely
9. 碰	pèng	动(v.)	touch
10. 踢	tī	动(v.)	kick
11. 脚	jiǎo	量(m.w.)	measure word for kicking
12. 改变	gǎibiàn	动(v.)	change
13. 一瞬间	yīshùnjiān		in a second
14. 表情	biǎoqíng	名(n.)	expression
15. 互联网*	hùliánwǎng	名(n.)	internet
16. 大半个	dàbàngè		more than half
17. 丑恶	chǒu'è	形(a.)	ugly
18. 根据	gēnjù	介(prep.)	according to
19. 本人	běnrén	名(n.)	oneself
20. 调查	diàochá	动(v.)	investigate
21. 打架	dǎ jià		fight
22. 揪	jiū	动(v.)	seize, hold tightly
23. 总之	zǒngzhī	连(conj.)	in a word, anyhow
24. 单位*	dānwèi	名(n.)	working place
25. 正常	zhèngcháng	形(a.)	normal, ordinary
26. 爆	bào	动(v.)	explode
27. 认	rèn	动(v.)	recognize

语言点中文注释

1. 根本

副词"根本"多用在否定句,表示彻底、完全地否定。例如:

你们都以为我对上海很了解,可是我根本没去过上海。

2. 连……都……

"连……都……"表示通过对一个极端事物的强调,来肯定或否定其他,从而加强说服力。如:

他的中文水平很高,连中国古代小说都看得懂。

3. 总之

表示总括起来说,用于总结上文。例如:

对他说的话,有的人同意,有的人怀疑,有的人批评,总之,每个人都有自己的看法。

4. V. 出来

表示通过辨认或动作使事物从隐蔽到显露或由无到有,例如:

这是可乐,我喝出来了!

他今天有点儿不高兴,我们都看出来了。

第四单元 人际交往
第十四课 礼尚往来

第十四课
礼尚往来

热身

你给别人送过礼吗？
你一般会送什么礼物？
上面的漫画是什么意思？

① 还
It means "beyond one's expectation".
■ 雨下得这么大，你还来了，真让我感动。

② 咱们
It is used in spoken language, referring to both sides including the speaker and the listener.
■ 咱们应该互相帮助。

③ 千万
It is often put before verbs or verb phrases, indicating that one should by all means do something. This word is often used to warn or persuade somebody.
■ 这个课很重要，你千万别迟到。

④ 是……的（一）
This structure is to emphasize some aspects of a past action such as the time, the place, the manner, the purpose, etc.
■ 我是从美国来的。
■ 他是坐出租汽车来的。
■ 他是五月一号走的。
■ 我是去旅游的。
■ 这件事是他告诉我的。

　　快过春节了，互相送礼的人多了，一起喝酒的朋友也多了。昨天，何老师又喝多了，回到五楼自己的家里。妻子看见他喝醉的样子，很生气："快过春节了，别人都在家里打扫卫生，你却在外面喝酒！家务事都得靠我一个人做！你先下楼把垃圾扔了！回来再跟你算账！"

　　何老师是个妻管严，马上下楼去扔垃圾。经过二楼的时候，正好碰上张校长在送客人，就过去打了一下招呼。张校长见何老师拿着一个黑色的塑料袋，赶快接过来说："谢谢你，过年也想着我。来看看就可以了，怎么还①带东西来了？快过春节了，搬箱啤酒上去喝吧！我家里的啤酒多，我自己也喝不了。咱们②是邻居，下次来千万③别拿东西了。俗！"

　　何老师迷迷糊糊地搬着啤酒上了楼。

　　第二天，何老师酒醒了，问妻子："咦？这箱啤酒是从哪来的④？是你买的吗？"

　　妻子说："张校长的！是你用垃圾换来的！"

　　何老师一听，大吃一惊！赶快把家里最贵的礼品拿出来，又来到了二楼。可是他按了几次门铃都没有人开门，只好郁闷地回来了。

　　张校长其实在家。他妻子从"猫眼儿"中看到何老师后告诉校长："五楼那个送垃圾的何老师又来了！"

第四单元 人际交往
第十四课 礼尚往来

生 词

1. 礼尚往来	lǐ shàng wǎng lái			etiquette demands reciprocity
2. 互相	hùxiāng		副(adv.)	each other
3. 送礼	sòng lǐ			give sb. a present
4. 家务事	jiāwùshì		名(n.)	housework
5. 醉	zuì		动(v.)	drunk
6. 扔	rēng		动(v.)	throw away
7. 算账	suàn zhàng		动(v.)	blame, cast accounts
8. 妻管严	qī guǎn yán			hen-pecked
9. 校长	xiàozhǎng		名(n.)	principal
10. 打招呼	dǎ zhāohu			greet somebody
11. 塑料袋儿	sùliào dàir		名(n.)	plastic bag
12. 赶快	gǎnkuài		副(adv.)	hurry
13. 接	jiē		动(v.)	take over, receive
14. 还	hái		副(adv.)	beyond one's expectation
15. 搬	bān		动(v.)	move, remove
16. 邻居	línjū		名(n.)	neighbor
17. 咱们	zánmen		代(pron.)	we
18. 千万	qiānwàn		副(adv.)	to make it sure
19. 迷糊	míhu		形(a.)	dazed, confused
20. 醒	xǐng		动(v.)	be clear in mind, wake up
21. 换	huàn		动(v.)	exchange
22. 礼品	lǐpǐn		名(n.)	gift
23. 门铃	ménlíng		名(n.)	doorbell
24. 猫眼儿*	māoyǎnr		名(n.)	peephole (fixed in a door)

语言点中文注释

1. "还"表示出乎意料

"还"有一种用法是表示出乎意料。例如：
雨下得这么大，你还来了，真让我感动。

2. 咱们

用来指称说话人和听话人双方，用于口语。例如：
咱们都是中国人，应该互相帮助。

3. 千万

"千万"常常用在动词或动词性词组前面，表示务必、一定。多用于对别人的叮咛、嘱咐或劝阻。例如：
明天的课很重要，你千万别迟到。

4. 表示强调过去因素的"是……的"句

"是……的"句式通常不是为了说明动作本身，而是为了强调与已在过去完成或实现的动作有关的某一方面，如时间、方式、目的、对象或施事对象等。"是"通常放在要强调说明的部分之前，"的"通常放在句尾。"是"在口语中可以省略。如动词后有名词宾语时，"的"也可以放在宾语前。例如：
昨天是小王给你打的电话。

但如果宾语是代词，"是……的"强调目的，或宾语后带有趋向补语时，"的"要放在句尾。例如：
我是打电话告诉他的。 她是跑着到学校去的。
我是来中国学习汉语的。

第十五课

入乡随俗

热 身

1. 你经常去麦当劳(Màidāngláo, Mcdonald)或者肯德基(Kěndéjī, KFC)吃饭吗？
2. 你觉得中国的麦当劳和肯德基跟美国的有什么不同？
3. 你认为麦当劳和肯德基到中国以后是应坚持自己的特点还是适应中国顾客的需要？为什么？

① 在……看来

It means to consider a thing from somebody's view of point.
- 在我看来,我们应该入乡随俗。

② 形容词的生动形式

The variation of adjectives may increase its lifelikeness. The commonly used forms are AA, AABB and ABB.
- 巴巴—干巴巴—我不喜欢吃干巴巴的面包。
- 冰冰—凉冰冰—这可乐凉冰冰的,喝到肚子里很不舒服。
- 乎乎—热乎乎—这里被他坐得热乎乎的。
- 生生—脆生生—这个苹果脆生生的,真好吃。
- 洋洋—懒洋洋—他总是懒洋洋的。

③ 啊

It may be used at the end of exclamatory sentences to collocate with "多么" and "真".
- 这里的风景多么美啊!

④ 不……才怪呢

It indicates that something is bound to happen.
- 你每天吃垃圾食品,从来也不锻炼身体,不发胖才怪呢。

孩子们都喜欢肯德基,我却不太喜欢。在我看来①,一个中国人,不吃地道美味的中餐,却要去吃干巴巴②的面包夹鸡肉,喝凉冰冰的可乐(cola),真的让人很难理解。

可是孩子们好心,希望爸爸妈妈也尝试一下洋快餐。有一天,他们拿来几个肯德基的纸袋子,神神秘秘地说,里面一定有你们爱吃的。我却不相信!他们从袋子里拿出几个长长的纸卷儿,还热乎乎的呢!打开纸卷儿我才发现那是我们年轻时天天都吃的面饼!但是我们已经很多年都没有吃到了。我急急忙忙地咬一口,脆脆的,嫩嫩的,有点酸,还有点辣,比我们当年吃的面饼好吃多了!什么东西这么好吃?孩子们都笑了,打开面饼让我们仔仔细细地看。里面的东西还真丰富啊③:新鲜的蔬菜和西红柿,鲜嫩的鸡腿肉,还有一些我不知道名字的东西。这么多好吃的东西都放在面饼里,不好吃才怪呢④。

听孩子们说,这种鸡肉卷儿是肯德基为不习惯吃汉堡的中国人专门设计的。他们还为中国顾客做油条呢。

这可能就是入乡随俗吧?知道怎么适应当地的顾客,就是他们成功的秘密。

第四单元 人际交往
第十五课 入乡随俗

生词

1. 地道	dìdao	形(a.)	typical, genuine
2. 干巴巴	gānbābā	形(a.)	dry, dry as dust
3. 夹	jiā	动(v.)	hold between, clip
4. 凉冰冰	liángbīngbīng	形(a.)	cool
5. 理解	lǐjiě	动(v.)	understand
6. 好心	hǎoxīn	形(a.)	good intention
7. 尝试	chángshì	动(v.)	try
8. 洋快餐*	yáng kuàicān		foreign fast food
9. 神秘	shénmì	形(a.)	mysterious
10. 卷儿	juǎnr	名(n.)	scroll
11. 热乎乎	rèhūhū	形(a.)	hot
12. 面饼*	miànbǐng	名(n.)	pancake
13. 急忙	jímáng	副(adv.)	hurry
14. 咬	yǎo	动(v.)	bite
15. 脆	cuì	形(a.)	crisp
16. 嫩	nèn	形(a.)	tender, soft
17. 酸	suān	形(a.)	sour
18. 当年	dāngnián	名(n.)	in those years, then
19. 仔细	zǐxì	形(a.)	careful
20. 专门	zhuānmén	副(adv.)	especially
21. 设计	shèjì	动(v.)	design
22. 油条*	yóutiáo	名(n.)	deep-fried twisted dough sticks
23. 入乡随俗	rù xiāng suí sú		do in Rome as Rome does
24. 适应	shìyìng	动(v.)	fit for, adapt
25. 当地	dāngdì	名(n.)	local
26. 成功	chénggōng	动(v.)	succeed
27. 秘密	mìmì	名(n.)	secret, trick

语言点中文注释

1. 在……看来

"在……看来"表示从某人的角度或观点去看问题。例如：

在我看来，我们应该入乡随俗。

2. 形容词的生动形式

形容词可以通过重叠或加后缀的方式增加其生动性。其中，多数单音节形容词用AA的方式重叠；部分双音节形容词可以用AABB的方式重叠。还可以在单音节形容词后面加上后缀，常用的后缀是ABB形式，单音节形容词和后缀的搭配是习惯性的，常见的有：

巴巴——干巴巴——我不喜欢吃干巴巴的面包。

冰冰——凉冰冰——这可乐凉冰冰的，喝到肚子里很不舒服。

乎乎——热乎乎——这里被他坐得热乎乎的。

生生——脆生生——这个苹果脆生生、甜丝丝的，真好吃。

洋洋——懒洋洋——他总是懒洋洋的。

3. 啊

可以表示很多种语气，用在感叹句末尾表示感叹的语气，常与"多么""真"搭配使用。如：

这里的风景多么美啊！

4. 不……才怪呢

表示如果不发生某种情况就不正常，即一定会发生某种情况。例如：

你每天吃肯德基，从来也不锻炼身体，不发胖才怪呢。

第四单元　人际交往
第十六课　中西文化风俗

第十六课
中西文化风俗

热身

上面的三幅画说明中国和西方在哪些方面有不同？
你还能举一些别的例子说明中西方文化的不同吗？

① 然而
It is written language to indicate transition, which is the same as "但是".
- 虽然他遇到了很大的困难,然而他没有绝望。

② 疑问代词连用
The same interrogative pronoun may appear twice in one sentence or two clauses correspondingly to denote indefinite indication.
- 你喜欢哪个,我就送你哪个。
- 我们谁也不认识谁。

③ 越 A 越 B
It means B changes along with A's change in degree.
- 这本书我越看越喜欢。
- 你越说我越迷糊。

④ 刚好
It means it is right at the point, in terms of space, time, amount, etc.
- 我们突然决定去他家,他刚好在家。

中国人和西方人的文化风俗不同,各有各的特点。比方说,西方人见面,先互相打招呼说"hello",再握手,关系亲密的可以拥抱。然而①,传统的中国人见面常说"久仰","久违了",再作揖。又比方说,中国人和西方人吃饭的方式也不一样:西方人吃饭用刀叉,中国人吃饭用筷子。

这两种不同的方式体现了西方人和中国人的不同性格:西方人性格外向,中国人性格内向。所以,西方人伸出手去握别人的手,中国人伸出手去握自己的手;西方人用刀用叉,都是向外用力的,中国人用筷子是向内用力的。

在中国,几个朋友聚会,大家都会抢着付钱,不分你我才显得亲密。主人也常常会把最好的菜夹给客人,但在西方人看来,我想吃什么就吃什么②,你把我不想吃的菜夹给我就是侵犯了我的自由。然而我们认为这是好心,因为我们要把最好的东西留给客人。

美国人写信时,一定是先写名字、家庭地址,然后是城市、省、国家,越是群体的越③放在后面。可是中国人刚好④相反,越是群体的越放在前面。这些例子都说明中国文化的特点是群体意识,西方文化的特点是个体意识。

第四单元 人际交往
第十六课 中西文化风俗

生 词

1. 风俗	fēngsú	名(n.)	custom
2. 握手	wò shǒu		handshake
3. 亲密	qīnmì	形(a.)	intimate
4. 拥抱	yōngbào	动(v.)	hug
5. 然而	rán'ér	连(conj.)	however
6. 久仰*	jiǔyǎng	动(v.)	admiring (you) for a long time
7. 久违*	jiǔwéi	动(v.)	(haven't seen sb.) for a long time
8. 作揖*	zuō yī		make a bow with hands folded in front
9. 刀叉	dāo chā	名(n.)	knife and fork
10. 方式	fāngshì	名(n.)	manner
11. 体现	tǐxiàn	动(v.)	embody
12. 性格	xìnggé	名(n.)	character
13. 外向	wàixiàng	形(a.)	extroverted
14. 内向	nèixiàng	形(a.)	introverted
15. 伸	shēn	动(v.)	extend
16. 抢	qiǎng	动(v.)	vie with, grab
17. 侵犯	qīnfàn	动(v.)	offend
18. 自由	zìyóu	名(n.)	freedom
19. 群体	qúntǐ	名(n.)	colony
20. 越 A 越 B	yuè A yuè B		the more...the more...
21. 刚好	gānghǎo	副(adv.)	exactly
22. 相反	xiāngfǎn	副(adv.)	opposite
23. 说明	shuōmíng	动(v.)	show, prove
24. 意识	yìshí	名(n.)	consciousness
25. 个体	gètǐ	名(n.)	individual

语言点中文注释

1. 然而

表示转折,同"但是",多用于书面。例如:

虽然他遇到了很大的困难,然而他没有绝望。

2. 疑问代词连用

两个同样的疑问代词可以前后呼应,出现在一个单句或前后两个小句中,表示任指。如:

你喜欢哪个,我就送你哪个。

我们谁也不认识谁。

3. 越 A 越 B

表示在程度上,B 随 A 的变化而变化,A 和 B 可以是动词或形容词。例如:

这本书我越看越喜欢。

你越说我越迷糊。

4. 刚好

表示正好在那一点上(指空间、时间、数量等;有不早不晚、不前不后、不多不少等意思)。例如:

我们突然决定去他家,他刚好在家。

第四单元　人际交往

第四单元语言点总结

1. 根本（第十三课）
我对着平时根本不会去碰一下的垃圾桶狠狠地踢了一脚。

2. 连……都……（第十三课）
他们连我上小学迟到了几次，跟同学打过几次架，揪过几次女同学的头发都调查出来了。

3. 总之（第十三课）
总之，我从小就是一个坏人。

4. V. 出来（第十三课）
他们连我上小学迟到了几次，跟同学打过几次架，揪过几次女同学的头发都调查出来了。

5. "还"表示出乎意料（第十四课）
谢谢你，过年也想着我。来看看就可以了，怎么还带东西来了？

6. 咱们（第十四课）
咱们是邻居，下次来千万别拿东西了。

7. 千万（第十四课）
咱们是邻居，下次来千万别拿东西了。

8. 表示强调过去因素的"是……的"句（第十四课）
这箱啤酒是从哪来的？是你买的吗？

9. 在……看来（第十五课）

在我看来，一个中国人，不吃地道美味的中餐，却要去吃干巴巴的面包夹鸡肉，喝凉冰冰的可乐，真的让人很难理解。

10. 形容词的生动形式（第十五课）

一个中国人，不吃地道美味的中餐，却要去吃干巴巴的面包夹鸡肉，喝凉冰冰的可乐，真的让人很难理解。

11. 啊（第十五课）

里面东西还真丰富啊！

12. 不……才怪呢（第十五课）

这么多好吃的东西都放在面饼里，不好吃才怪呢。

13. 然而（第十六课）

西方人见面，先互相打招呼说"hello"，再握手，关系亲密的可以拥抱。然而，传统的中国人见面常说"久仰"、"久违了"，再作揖。

14. 疑问代词连用（第十六课）

我想吃什么就吃什么。

15. 越 A 越 B（第十六课）

美国人写信时，一定是先写名字、家庭地址，然后是城市、省、国家，越是群体的越放在后面。

16. 刚好（第十六课）

可是中国人刚好相反，越是群体的越放在前面。

第五单元
爱情婚姻

第五单元学习目标

熟练掌握并灵活运用该课的语言点；掌握主要生词的意义和用法；正确书写重点汉字；流畅地阅读课文，理解相关文章。

第十七课要求：

正确运用本课所学的语言点和关键词描述一个心理测试，练习给喜欢的男生或女生写信。

第十八课要求：

正确运用本课所学的语言点和关键词描述自己选择男(女)朋友的标准，练习写征友启事。

第十九课要求：

正确运用本课所学的语言点和关键词描述自己对爱情的看法，练习续写故事。

第二十课要求：

正确运用本课所学的语言点和关键词描述一个神话传说，练习写电影放映通知。

第五单元　爱情婚姻
第十七课　一个关于爱情的心理测试

第十七课
一个关于爱情的心理测试

热 身

上面的两幅图画你更喜欢哪一幅？为什么？
你更喜欢一见钟情的爱情还是日久生情的爱情？为什么？

① 忽然

It may be used before a verb, adjective, or the subject, indicating the situation happens suddenly and out of expectation.
- 我们正在上着课，教室的门忽然开了。

② 尽管……但是……

This structure is the same as "虽然……但是……", indicating a transition.
- 尽管我迟到了，但是老师没有批评我。

③ 愿意

It means one is willing to do something. It can't be negated by "没".
- 我愿意学汉语。
- 你愿意大家都去吗？

④ 不断

It means continually.
- 我们不断接到学生打来的电话。

一天夜里很晚了，你忽然①觉得很饿，可家里只有一片干面包，你会怎么办？

A. 太饿了，虽然面包干了，可是还没有坏，先把它吃掉，明天再买新鲜的食物。

B. 冰箱里还有果酱，抹在面包上，味道也许会很不错。

C. 虽然很晚了，但一定能找到还没有关门的商店，应该可以买到自己喜欢的食物。尽管路很远、很辛苦，但是②也不愿意③吃下这片干面包。

选择 A 的人：你对感情非常认真，碰到自己喜欢的人，会非常执着地爱他（她）。虽然很多朋友都认为你是那种很相信"日久生情"的人，你也常常强调对爱要有责任，其实你一直非常期待"一见钟情"。那种突然的、让人迷醉的爱情深深地吸引着你。当这样的爱情出现的时候，你会马上选择新的爱情，跟旧爱告别。

选择 B 的人：你坚定地相信爱情是"日久生情"的：尽管爱在任何时候、任何地方都有可能发生，但不是所有的爱都有结果，你只喜欢曾经跟你同甘共苦的恋人。你会经常给你们的爱情制造一些惊喜和感动。

选择 C 的人：你坚信自己要的爱是"一见钟情"，虽然身边不断④有爱你的人出现，但是你一直执着地认为那不是你想要的，你要去找那种能让你刻骨铭心的爱情。尽管有时你也会觉得累，可是你却从不愿意放弃。

第五单元 爱情婚姻
第十七课 一个关于爱情的心理测试

生词

1. 爱情	àiqíng	名(n.)	love
2. 测试	cèshì	名(n.)	test
3. 忽然	hūrán	副(adv.)	suddenly
4. 干	gān	形(a.)	dry
5. 果酱*	guǒjiàng	名(n.)	jam
6. 抹	mǒ	动(v.)	smear
7. 尽管……但是……	jǐnguǎn……dànshì……		though...
8. 愿意	yuànyì	动(v.)	be willing to
9. 感情	gǎnqíng	名(n.)	affection
10. 日久生情*	rì jiǔ shēng qíng		fall in love after a long time
11. 强调	qiángdiào	动(v.)	emphasize
12. 责任	zérèn	名(n.)	duty
13. 期待	qīdài	动(v.)	look forward to
14. 一见钟情	yī jiàn zhōngqíng		fall in love at first sight
15. 迷醉	mízuì	动(v.)	charm
16. 旧	jiù	形(a.)	former
17. 告别	gàobié	动(v.)	say goodbye to
18. 坚定	jiāndìng	形(a.)	steady
19. 同甘共苦	tóng gān gòng kǔ		share weal and woe
20. 恋人	liànrén	名(n.)	lover
21. 制造	zhìzào	动(v.)	make
22. 惊喜	jīngxǐ	名(n.)	pleasant surprise
23. 不断	bùduàn	副(adv.)	continuous
24. 刻骨铭心	kè gǔ míng xīn		remember with deep gratitude
25. 放弃	fàngqì	动(v.)	give up

语言点中文注释

1. 忽然

表示情况发生得迅速而又出人意料，可以用在动词或形容词前面，也可以用在主语前面。如：

我们正在上着课，教室的门忽然开了。

2. 尽管……但是……

表示让步和转折，同"虽然……但是……"，多用于书面。例如：

尽管我迟到了，但是老师没有批评我。

3. 愿意

表示做某事或发生某种情况符合心意，可以带动词、形容词、小句作宾语。不能用"没"否定。例如：

我愿意学汉语。

你愿意大家都去吗？

4. 不断

表示连续，很少间断。例如：

我们不断接到学生打来的电话。

第五单元 爱情婚姻

第十八课 理想的妻子

第十八课
理想的妻子

热 身

你认为什么样的女人最适合做妻子？
你认为什么样的男人最适合做丈夫？

① 多

It may be used after a numeral to express a number with an approximate remainder.
a) 数+多+量(+名)
In this formula, the numeral is a whole number above ten, and "多" represents the remainder below the whole number.
- 十多个月
- 五十多本书

b) 数+量+多(+名)
In this formula, the numeral is a unit or a multidigit number, and "多" represents the remainder below one.
- 五个多月
- 五十六斤多

c) For the numeral "十", "十+多+量(+名)" means it is between 10 and 20, whereas "十+量+多(+名)" means it is between 10 and 11.
- 这个西瓜很大,有十多斤。
- 这个西瓜很大,有十斤多。

② 否则

It means "if not" or "otherwise".
- 你买东西的时候应该讲价,否则可能上当。

③ 按照

It means keeping to certain criterion.
- 按照中国的传统,吃饭的时候要用筷子。

④ 不是……而是……

It is to negate the former and confirm the latter.
- 我写的不是中文,而是日文。

跟我一样,我的很多朋友三十多①岁还没有结婚,大家常常在一起说理想的妻子应该是什么样的。

有的朋友标准很高:第一,样子不需要很漂亮。因为一般来说,太漂亮的女人命运都不太好,但是也不能太丑,只要看着舒服就行了。第二,要温柔,能理解丈夫。男人工作都很辛苦,回到家里再也没有精神做家务事了。所以希望一回家就能吃到妻子已经做好的香喷喷的饭菜。第三,要思想开放,可是行为保守,意思是她能同意丈夫在外面找情人,可是自己却不会这样做。第四要有主见,一个人就能处理好家里的事情,不要为一点小事就麻烦丈夫。第五,要传统,可是还不能没有浪漫,否则②生活就太没有意思了。

在我看来,按照③这样的标准找妻子比大海捞针还难。其实,我对妻子的要求不是很高:温柔体贴最重要,漂亮不漂亮没关系,可是要有文化。我们应该互相理解,互相配合。比如说:我做饭的时候,她会去洗衣服;我擦窗子的时候她会去擦桌子;我在街上看美女的时候,她会陪我一起看,但是她不可以看帅哥。

我的标准不高吧,可是为什么一直到现在也没有找到理想的妻子呢?后来有个朋友提醒我:不是你的标准太高,而是④符合女人要求的男人根本没有。

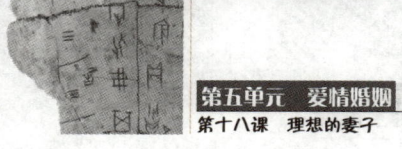

第五单元 爱情婚姻
第十八课 理想的妻子

生词

1.	结婚	jié hūn	动(v.)	marry
2.	理想	lǐxiǎng	形(a.)	ideal
3.	命运	mìngyùn	名(n.)	fate
4.	丑	chǒu	形(a.)	ugly
5.	温柔	wēnróu	形(a.)	tender
6.	香喷喷	xiāngpēnpēn	形(a.)	savory
7.	思想	sīxiǎng	名(n.)	mind
8.	开放	kāifàng	形(a.)	open
9.	行为	xíngwéi	名(n.)	behavior
10.	保守	bǎoshǒu	形(a.)	conservative
11.	情人*	qíngrén	名(n.)	sweetie
12.	主见	zhǔjiàn	名(n.)	definite idea
13.	处理	chǔlǐ	动(v.)	deal with
14.	浪漫	làngmàn	形(a.)	romantic
15.	否则	fǒuzé	连(conj.)	otherwise
16.	按照	ànzhào	介(prep.)	according to
17.	标准	biāozhǔn	名(n.)	standard
18.	大海捞针	dà hǎi lāo zhēn		look for a needle in a haystack
19.	体贴	tǐtiē	形(a.)	considerate
20.	配合	pèihé	动(v.)	coordinate with
21.	擦	cā	动(v.)	to wipe, to clean
22.	美女*	měinǚ	名(n.)	beautiful girl
23.	帅哥*	shuàigē	名(n.)	handsome boy
24.	提醒	tíxǐng	动(v.)	remind
25.	不是……而是……	bù shì……ér shì……		not...but...
26.	符合	fúhé	动(v.)	to comply with (a standard)

语言点中文注释

1. 多

"多"用在数量词后,表示确定的零数。

a) 数+多+量(+名)。数词是十位以上的整数,"多"表示整位数以下的零数。

十多个月　　五十多本书

b) 数+量+多(+名)。数词是个位数或带个位数的多位数,"多"表示个位数以下的零数。

五个多月　　五十六块多

c) 数词是"十"时,"十+多+量(+名)"表示"比十大、比二十小","十+量+多(+名)"表示"比十大、比十一小"。

这个西瓜很大,有十多斤。(十一斤或者十二斤、十三斤等等)

这个西瓜很大,有十斤多。(十斤一两或者十斤二两、三两等等)

2. 否则

表示如果不是这样。用来连接小句,用在后一个小句的开头。例如:

你买东西的时候应该讲价,否则可能上当。

3. 按照

表示遵从某一标准。例如:

按照中国的传统,吃饭的时候要用筷子。

4. 不是……而是……

表示否定前者,肯定后者。例如:

我写的不是中文,而是日文。

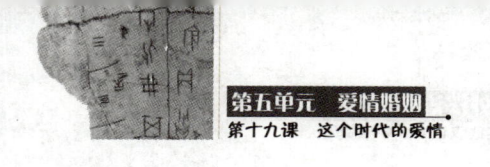

第五单元　爱情婚姻
第十九课　这个时代的爱情

第十九课
这个时代的爱情

热身

男，28岁，身高182，首都医科大学临床学专业毕业，现在美国读博士，2010年毕业

说一说你在这张纸条上看到了什么？
现在的年轻人对爱情的态度跟以前一样吗？

① 既然……就……

This structure is used to draw an inference on the premise of certain fact.
- 你既然有病,就好好儿休息吧。

② ……算了

It indicates finding a simple and final way out of a difficulty.
- 饭馆都关门了,我们在家随便吃点儿算了。

③ 最终

It indicates the ultimate result.
- 我们经过了许多困难,最终成功了。

④ 不是没有

It is double negative which implies an affirmative tone.
- 我不是没有出过洋相。

三年前的今天女朋友跟我分手了。

我们是大学同学,谈了五年的恋爱,可是她却突然决定离开我,嫁给一个有钱人。我刚工作,钱很少,而那个人的钱多得她十辈子都花不完。但是她却很伤心,因为我知道她爱的是我。结婚前她把自己的日记交给我,说里面是一个天真的女孩对生活的美好梦想,这只属于我。我装作满不在乎的样子说:"我要这个做什么?既然以前的你已经消失了,就①把它烧掉算了②。"没想到她真的把日记扔进了火里。就这样,她把她的精神嫁给了我,把她的身体嫁给了那个有钱人。她跟我说,那不是她的错,只是因为我们生活在这个时代。

结束了这段感情以后,我想办法拼命赚钱,最终③我买了汽车和别墅,还有了自己的公司。我不是为了别的,只是想娶到一个完整的女人。在这个时代,虽然这样的女人不是没有④,可是太难找了。不过,今天我就要实现自己的梦想了:小高是我的秘书,她除了温柔漂亮以外,还跟我以前的女朋友一样,每天晚上都写日记。我终于找到了一个理想的妻子。婚礼结束后,我充满期待地对她说:"有时间的时候我想看看你的日记,可以吗?"其实我不是真的想看她的日记。可是没想到,她吃惊地说:"日记吗?我,我昨天晚上已经都烧掉了。"

根据程宪涛的《这个时代的爱情》改编,摘自《视野》2006年第23期。

第五单元 爱情婚姻
第十九课 这个时代的爱情

生词

1. 时代	shídài	名(n.)		period
2. 分手	fēn shǒu			break up
3. 谈恋爱	tán liàn'ài			in love with somebody
4. 嫁	jià	动(v.)		(a woman) marry (a man)
5. 辈子	bèizi	名(n.)		lifetime
6. 伤心	shāngxīn	形(a.)		sad
7. 日记	rìjì	名(n.)		dairy
8. 天真	tiānzhēn	形(a.)		innocent
9. 美好	měihǎo	形(a.)		wonderful
10. 梦想	mèngxiǎng	名(n.)		dream
11. 属于	shǔyú	动(v.)		belong to
12. 既然……就……	jìrán……jiù……			since...then
13. 消失	xiāoshī	动(v.)		disappear
14. 算了	suàn le			let it pass
15. 满不在乎	mǎn bù zàihu			not care in the least
16. 烧	shāo	动(v.)		burn
17. 结束	jiéshù	动(v.)		finish
18. 段	duàn	量(m.w.)		section
19. 最终	zuìzhōng	副(adv.)		finally
20. 别墅*	biéshù	名(n.)		villa
21. 娶	qǔ	动(v.)		(a man) marry (a woman)
22. 完整	wánzhěng	形(a.)		complete
23. 实现	shíxiàn	动(v.)		realize
24. 秘书	mìshū	名(n.)		secretary
25. 婚礼	hūnlǐ	名(n.)		wedding
26. 充满	chōngmǎn	动(v.)		full of

语言点中文注释

1. 既然……就……

表示提出已经成为现实的前提,再根据这个前提推出结论。例如:

你既然有病,就好好儿休息吧。

2. ……算了

表示最后找到了一个简单的解决办法(来解决一个比较麻烦的问题)。例如:

饭馆都关门了,我们在家随便吃点儿算了。

3. 最终

表示最后的结果。例如:

我们经过了许多困难,最终成功了。

4. 不是没有

表示双重否定,即肯定"有",语气更强。例如:

我不是没有出过洋相。

第五单元　爱情婚姻
第二十课　梁山伯与祝英台的故事

第二十课
梁山伯与祝英台的故事

热　身

最让你感动的爱情故事是什么？
你觉得爱情应该门当户对吗？

① 是……的(二)

It may be used to express one's opinion or attitude with a more affirmative tone. In such sentences, "是……的"or "是" may be left out without altering the original meaning of the sentences.

- 这件事情,我们都是很清楚的。

② 十分

It is used in written Chinese and indicates a high degree.

- 她的话让我们十分感动。

③ 再三

It indicates reiteration.

- 老师对我们再三强调不要忘了明天的考试时间。

④ 好(不)容易

It means getting something done under difficulties.

- 我找了他三天,最后好不容易才在食堂找到他。

一千多年以前,浙江有一家有钱人,家里有一个美丽的女儿叫祝英台。虽然在那个时代女人是不能去学校学习的①,但是祝英台很聪明,她从小跟着哥哥学习,学得比哥哥还好。她很想到外面去找更好的老师继续学习,可是当时女人也不能出门。祝英台很会模仿各种各样的人,就装作算命先生的样子对父亲说,如果不让女儿出门,她就会有灾难发生。父亲只好同意了。

祝英台女扮男装到了杭州,在学校她认识了梁山伯。他们很谈得来,每天一起读书,日子过得十分②快乐。祝英台深深地爱着梁山伯,再三③向他暗示自己的爱情。可是梁山伯不知道祝英台是女人,只把她当做自己的好兄弟。学习结束了,祝英台说家里有一个跟自己很像的妹妹,希望梁山伯能来求婚。

梁山伯家里很穷,等他好不容易④凑够了钱去祝家求婚的时候,才发现祝英台说的妹妹就是她自己。但是祝英台的父亲已经接受了一家门当户对的有钱人的求婚。他们不能反抗家庭的决定,就发誓说如果活着不能一起生活,死后也要埋在同一个坟墓里。

梁山伯回家后非常难过,不久就生病死了。祝英台被迫出嫁的时候正好路过梁山伯的坟墓。她伤心极了,在她的哭声中,坟墓打开了,祝英台跳了进去。坟墓合上以后,从里面飞出来两只美丽的蝴蝶。

第五单元 爱情婚姻
第二十课 梁山伯与祝英台的故事

生词

1. 继续 jìxù 副(adv.) continue
2. 模仿 mófǎng 动(v.) imitate
3. 算命先生* suànmìng xiānsheng fortuneteller
4. 灾难 zāinàn 名(n.) disaster
5. 女扮男装 nǚ bàn nán zhuāng girl poses as boy
6. 谈得来 tán de lái get along well with
7. 书院* shūyuàn 名(n.) ancient college
8. 十分 shífēn 副(adv.) very
9. 再三 zàisān 副(adv.) again and again
10. 暗示 ànshì 动(v.) imply, hint
11. 当做 dàngzuò 动(v.) regard...as
12. 兄弟 xiōngdi 名(n.) younger brother
13. 求婚 qiúhūn 动(v.) propose
14. 好(不)容易 hǎo (bù) róngyì very difficultly
15. 接受 jiēshòu 动(v.) accept
16. 门当户对 mén dāng hù duì be well-matched in social status (for marriage)
17. 凑 còu 动(v.) chip in
18. 反抗 fǎnkàng 动(v.) resist
19. 发誓 fāshì 动(v.) swear
20. 埋 mái 动(v.) bury
21. 坟墓 fénmù 名(n.) sepulcher
22. 被迫 bèipò 动(v.) be forced
23. 出嫁 chūjià 动(v.) (woman) get married
24. 路过 lùguò 动(v.) pass by (a place)
25. 蝴蝶 húdié 名(n.) butterfly

专有名词

1. 浙江 Zhèjiāng Zhejiang Province
2. 杭州 Hángzhōu the provincial capital of Zhejiang

语言点中文注释

1. 表示加强语气的"是……的"句

可以用在表示说话人看法或态度的句子里,一般起加强语气的作用。在这样的句子里"是……的"可以省略,或只省略"是",句意基本不变。例如:

这件事情,我们都是很清楚的。

2. 十分

表示程度高;很。多用于书面。例如:

她的话让我们十分感动。

3. 再三

表示反复。例如:

老师对我们再三强调不要忘了明天的考试时间。

4. 好(不)容易

"好(不)容易"表示经过很多困难才做成某事,例如:

我找了他三天,最后好不容易才在食堂找到他。

第五单元语言点总结

1. 忽然（第十七课）

一天夜里很晚了,你忽然觉得很饿。

2. 尽管……但是……（第十七课）

尽管路很远,很辛苦,但是也不愿意吃下这片干面包。

3. 愿意（第十七课）

尽管路很远,很辛苦,但是也不愿意吃下这片干面包。

4. 不断（第十七课）

虽然身边不断有爱你的人出现,但是你一直执着地认为那不是你想要的。

5. 多（第十八课）

跟我一样,我的很多朋友三十多岁还没有结婚。

6. 否则（第十八课）

要传统,可是还不能没有浪漫,否则生活就太没有意思了。

7. 按照（第十八课）

在我看来,按照这样的标准找妻子比大海捞针还难。

8. 不是……而是……（第十八课）

不是你的标准太高,而是符合女人要求的男人根本没有。

9. 既然……就…… （第十八课）
既然以前的你已经消失了，就把它烧掉算了。

10. ……算了 （第十九课）
既然以前的你已经消失了，就把它烧掉算了。

11. 最终 （第十九课）
我想办法拼命赚钱，最终我买了汽车和别墅，还有了自己的公司。

12. 不是没有 （第十九课）
虽然这样的女人不是没有，可是太难找了。

13. 表示加强语气的"是……的"句 （第二十课）
在那个时代女人是不能去学校学习的。

14. 十分 （第二十课）
他们很谈得来，每天一起读书，日子过得十分快乐。

15. 再三 （第二十课）
祝英台深深地爱着梁山伯，再三向他暗示自己的爱情。

16. 好（不）容易 （第二十课）
梁山伯好不容易凑够了钱去祝家求婚。

第六单元
性格修养

第六单元学习目标

熟练掌握并灵活运用该课的语言点；掌握主要生词的意义和用法；正确书写重点汉字；流畅地阅读课文，理解相关文章。

第二十一课要求：

正确运用本课所学的语言点和关键词描述人的特点，练习改写课文。

第二十二课要求：

正确运用本课所学的语言点和关键词描述小气鬼的故事，练习就一个问题论述自己的观点。

第二十三课要求：

正确运用本课所学的语言点和关键词描述关于口头禅的故事，做调查并练习写调查报告。

第二十四课要求：

正确运用本课所学的语言点和关键词描述自己心目中的男子汉形象，练习就一个问题论述自己的观点。

第六单元 性格修养
第二十一课 差不多先生传

第二十一课
差不多先生传

热 身

这幅图中画的是马还是虎呢？马马虎虎差不多吧？
你常常说"差不多"这个词吗？
你觉得常常说"差不多"的人有什么优点和缺点？

① 不是……吗？
This structure makes a rhetorical question to which no answer is expected due to the evident fact implied.
- 你不是认识他吗？快给我们介绍一下吧。

② 把……v.成……
"把" must be used when the verb predicate contains "成、为、做" or when the main verb is followed by a resultative complement (i.e. "成、为、做" with an object of result).
- 她把张老师看成了王老师。
- 我们把老师看做自己的朋友。

③ 何必
It means there is no need to do something.
- 你自己都知道了，何必问我呢？

④ 好在
It indicates some favorable condition.
- 我有空再来吧，好在我家离这儿不远。

⑤ 于是
It connects two actions, with the former one leading to the second.
- 他再三坚持要请我吃早饭，于是我就同意了。

中国最有名的人姓差，叫差不多。你肯定见过他，或者肯定常常听到别人说他的名字。

差不多先生小时候，妈妈让他去买红糖，他买来了白糖。妈妈骂他，他摇摇头说："红糖白糖不是差不多吗①？"

后来他工作了，但做事马马虎虎，很不仔细。常常把十字写成②千字，把千字写成十字。老板狠狠地批评他。他只是笑嘻嘻地说："千字和十字不是差不多吗？"

一天，他为了一件要紧的事，要坐火车到上海去。他到火车站的时候晚了两分钟，火车已经开走了。他又摇摇头说："唉！只好明天再走了，不过，今天走跟明天走，也差不多。可是火车公司何必③这么认真呢？八点半开车跟八点三十二分开车，不是差不多吗？"他一边说，一边慢慢走回家去，不明白火车为什么不肯等他两分钟。

有一天，他忽然得了急病，赶快叫家人去请东街的汪大夫。家人找不到汪大夫，却把西街的兽医王大夫请来了。家人问他要不要等一下再去找汪大夫，差不多先生躺在床上，虽然知道找错人了，但太痛苦，不能等了。他冲家人摆摆手说："算了，算了，好在④王大夫同汪大夫也差不多，就让他试试看吧。"于是⑤这位王大夫用治牛的方法给差不多先生治了一个多小时的病，差不多先生就死了。

差不多先生快死的时候，断断续续地说："活人跟死人也差……差不多，任何事情只要差……不多……就……好了，何必……太……太认真呢？"

根据胡适《差不多先生传》改编。

第六单元 性格修养
第二十一课 差不多先生传

生词

1. 传	zhuàn	名(n.)	biography
2. 红糖	hóngtáng	名(n.)	brown sugar
3. 白糖	báitáng	名(n.)	sugar
4. 骂	mà	动(v.)	scold
5. 摇	yáo	动(v.)	shake
6. 马虎	mǎhu	形(a.)	not serious, careless
7. 只是	zhǐshì	副(adv.)	only
8. 笑嘻嘻*	xiàoxīxī	形(a.)	grinning
9. 要紧	yàojǐn	形(a.)	important
10. 何必	hébì	副(adv.)	there is no need
11. 肯	kěn	助(aux.)	be willing to
12. 急病	jíbìng	名(n.)	sudden illness
13. 家人	jiārén	名(n.)	family member
14. 东街*	dōngjiē	名(n.)	east street
15. 大夫	dàifu	名(n.)	doctor
16. 西街*	xījiē	名(n.)	west street
17. 兽医	shòuyī	名(n.)	veterinarian
18. 痛苦	tòngkǔ	形(a.)	suffering
19. 冲	chòng	动(v.)	facing, towards
20. 摆	bǎi	动(v.)	sway, wave
21. 算了	suàn le		let it be, let it pass
22. 好在	hǎozài	副(adv.)	luckily
23. 于是	yúshì	连(conj.)	and then
24. 治	zhì	动(v.)	cure, treat
25. 断断续续	duànduànxùxù	形(a.)	intermittently
26. 活人	huórén	名(n.)	a living man

专有名词

汪	Wāng		a surname

语言点中文注释

1. 不是……吗？

表示反问，强调肯定，带有事实明显如此的语气。例如：

你不是认识他吗？快给我们介绍一下吧。（你认识他）

2. 把……v. 成……

当动词本身包含有"成、为、做"或动词后有结果补语"成""为""做"和表示结果的宾语，说明受处置的事物或人通过动作而成为什么时，要用"把"字句，例如：

她把张老师看成了王老师，很远就说："王老师，您好！"

我们把老师看做自己的朋友。

3. 何必

表示没有必要。例如：

你自己都知道了，何必问我呢？

4. 好在

表示具有某种有利的情况或条件。例如：

我有空再来吧，好在我家离这儿不远。

5. 于是

表示后一事承接前一事，后一事往往是由前一事引起的。可以用在主语后，多用于书面。如：

他再三坚持要请我吃早饭，于是我就同意了。

第六单元　性格修养
第二十二课　小气鬼

第二十二课
小气鬼

热　身

大方？小气？

"一起吃吧，别客气！"
"谢谢！"

1. 你觉得图画中的小猫是大方还是小气？

"过期也不是很久，还算新鲜！"

2. 你喜欢小气的人吗？

"吃了不会拉肚子的，你试试嘛！"
"算了……"

3. 你的朋友中有没有小气鬼？他有什么故事？

107

① 各
It means "respectively".
■ 在左右两边各有一扇门。

② 仍然
It indicates the continual state of certain circumstance. It is written language which is often replaced by "还是" in spoken language.
■ 已经晚上十二点了，商场里仍然像白天一样热闹。

③ 难道
It is used before the verb or subject in the rhetorical question.
■ 我难道说错了吗？

④ V. 满
It means some place is filled to capacity.
■ 教室里坐满了学生。

　　不同的人性格不同，做事情的方式也各①不相同。一般来说，人们都喜欢慷慨大方的人，讨厌斤斤计较的小气鬼。交朋友是这样，找对象也是这样。

　　我们公司有个年轻人叫小钱，今年三十多岁了，人长得很帅，工资挣得也不少，可仍然②是单身。他找不到女朋友的原因让人又好气又好笑：因为太小气把女朋友气跑了！

　　小钱第一次相亲的时候，媒人先让他和姑娘见了面，然后建议他们一起到公园去玩玩、互相了解了解。媒人走后，小钱和姑娘一起坐上公共汽车去公园，一上车，小钱就掏出月票对那位姑娘说："我有月票，你只买自己的就可以了！"结果那姑娘气得连招呼都没打就在下一站下了车。回去直埋怨媒人不该给自己介绍这么一个小气鬼。

　　媒人知道以后，批评他不该那样说话。没想到小钱根本不理解他的意思，还振振有词地说："咦？难道③我说错了吗？我要是不说，她买两张车票不是浪费吗！"

　　第二次相亲，他跟姑娘一起出去吃饭。在中国，男人跟女人一起吃饭的时候，一般都是男人结账的。可是小钱在他的大衣口袋里放满④了旧信封、废纸、塑料袋。吃完饭结账的时候，他一边大声说着"我来！我来！"，一边从口袋里一件一件地向外掏这些旧信封、废纸……等到他把这些东西都掏完的时候，姑娘已经付完钱走了。

　　从那以后，就再也没有人愿意给他介绍对象了。

第六单元 性格修养
第二十二课 小气鬼

生 词

1.	各	gè	副(adv.)	each, respectively
2.	慷慨	kāngkǎi	形(a.)	generous (written style)
3.	大方	dàfang	形(a.)	generous (oral style)
4.	讨厌	tǎoyàn	动(v.)	loathe
5.	斤斤计较	jīnjīn jìjiào		haggle over every ounce
6.	小气鬼	xiǎoqìguǐ	名(n.)	niggard
7.	对象	duìxiàng	名(n.)	boyfriend or girlfriend
8.	工资	gōngzī	名(n.)	wage
9.	挣	zhèng	动(v.)	earn
10.	仍然	réngrán	副(adv.)	still
11.	单身	dānshēn	名(n.)	unmarried, single
12.	原因	yuányīn	名(n.)	reason
13.	好气	hǎo qì	形(a.)	annoying
14.	好笑	hǎo xiào	形(a.)	amusing, funny
15.	相亲*	xiāngqīn	动(v.)	blind date
16.	媒人	méirén	名(n.)	matchmaker
17.	掏	tāo	动(v.)	fish out (from pocket)
18.	月票*	yuèpiào	名(n.)	commutation ticket
19.	结果	jiéguǒ	副(adv.)	at last, finally
20.	埋怨	mányuàn	动(v.)	complain
21.	振振有词	zhènzhèn yǒu cí		speak plausibly and volubly
22.	难道	nándào	副(adv.)	used to give force to a rhetorical question
23.	结账	jié zhàng	动(v.)	settle accounts
24.	满	mǎn	形(a.)	full
25.	信封	xìnfēng	名(n.)	envelope
26.	废纸	fèi zhǐ	名(n.)	waste paper

语言点中文注释

1. 各

表示分别做或分别具有。例如：

在左右两边各有一扇门。

2. 仍然

表示某种情况持续不变；还。修饰动词、形容词。多用于书面，口语中多用"还是"。例如：

已经晚上十二点了，商场里仍然像白天一样热闹。

3. 难道

"难道"用在反问句中的动词或主语前，加强反问语气，例如：

我难道说错了吗？

4. V. 满

表示某地充满某物。例如：

教室里坐满了学生。

第六单元　性格修养
第二十三课　口头禅

第二十三课
口　头　禅

热　身

你的口头禅是什么？
你知道自己为什么经常说这句话吗？

① 拿……来说
It is to give an example and start a topic.
- 不同的人有不同的业余爱好，拿我妈妈来说，她虽然六十多岁了，可是还像年轻人一样喜欢跳舞。

② v./adj.起来
It indicates the start and continuance of some action or state. If there is an object following the verb, it should be put between "起"and"来".
- 走进教室以后，大家都说起汉语来。
- 坚持锻炼身体的人慢慢多起来了。

③ v./adj.死了
It means "to the extreme". "得"or"不" cannot be put in between.
- 这几天我忙死了。

④ "可"作副词
"可"may be used as an adverb to emphasize something.
- 他的汉语说得可好了。

口头禅是一个人经常说的话，现代心理学认为口头禅可以反映一些有趣的心理活动。有人会因为口头禅让自己得到很多机会和朋友，也有人会因为口头禅失去很多机会和朋友。就拿我们办公室的小张和小王来说①吧：

小张在办公室里是个很受欢迎的人，大家都喜欢跟他聊天，因为他经常说的一句口头禅"不错嘛"会让烦恼的人开心起来②，让开心的人更加开心。小王也有一句口头禅，可是大家都不愿意跟他多说一句话，因为无论是谁，也无论你有多高兴，只要一听到小王的口头禅"真没劲"，就再也高兴不起来了。

其实，口头禅的形成跟使用者的性格特点、生活状态或者精神状态都是有关系的，可以说是一个人的标志，也影响着别人对他的感觉。比如常说"差不多吧""随便"的人多数对现状很满足、缺乏主见、目标不明确；常说"据说""也许""算了吧"的人多数缺乏自信；常说"看我的""没问题""加油"的人通常充满自信，愿意承担责任。把"不错啊""真棒"作为口头禅的人常常是受欢迎的人，总是把"无聊""没劲""烦死了③"挂在嘴边的人会让别人感觉到他既没有精神，也没有目标。

总之，可④别小看一句小小的口头禅，因为它可以间接地反映使用者的性格，帮助我们更清楚地认识别人和自己。

第六单元 性格修养
第二十三课 口头禅

生词

1. 口头禅	kǒutóuchán	名(n.)	pet phrase
2. 反映	fǎnyìng	动(v.)	reflect
3. 活动	huódòng	名(n.)	activity
4. 得到	dédào	动(v.)	get
5. 失去	shīqù	动(v.)	lose
6. 拿……来说	ná……lái shuō		take...for example
7. 烦恼	fánnǎo	名(n.)	annoyance
8. 没劲	méijìn	形(a.)	boring
9. 形成	xíngchéng	动(v.)	form
10. 使用者*	shǐyòngzhě	名(n.)	user
11. 状态	zhuàngtài	名(n.)	mode
12. 标志	biāozhì	名(n.)	symbol
13. 随便	suíbiàn	形(a.)	as you wish
14. 现状	xiànzhuàng	名(n.)	current situation
15. 缺乏	quēfá	动(v.)	lack
16. 目标	mùbiāo	名(n.)	target
17. 明确	míngquè	形(a.)	clear
18. 自信	zìxìn	名(n.)	self-confidence
19. 承担	chéngdān	动(v.)	undertake
20. 总是	zǒngshì	副(adv.)	always
21. 无聊	wúliáo	形(a.)	boring
22. 烦	fán	形(a.)	feel vexed
23. 可	kě	副(adv.)	certainly (particle used for emphasis)
24. 小看	xiǎokàn	动(v.)	look down upon
25. 间接	jiànjiē	副(adv.)	indirectly

语言点中文注释

1. 拿……来说

表示举出例子，从某个方面提出话题。例如：

不同的人有不同的业余爱好，拿我妈妈来说，她虽然六十多岁了，可是像年轻人一样最喜欢跳舞。

2. v. /adj. 起来

在这里表示动作或状态的开始并继续。如果动词后有宾语，宾语要置于"起"和"来"的中间，例如：

走进教室以后，大家都说起汉语来。

坚持锻炼身体的人慢慢多起来了。

3. v. /adj. 死了

表示达到了极点，中间不能插入"得"或"不"。用于口语。例如：

这几天我忙死了。

4. "可"作副词

表示强调的语气。例如：

他的汉语说得可好了。

第六单元　性格修养
第二十四课　怎样才是男子汉？

第二十四课
怎样才是男子汉？

热身

你觉得图片上的人像男子汉吗？
你认为什么样的男人才是真正的男子汉？

| ① 不知道……才好
| It means not knowing how to make a choice or decision.
| ■ 这些东西都太漂亮了，真不知道买哪个才好。

| ② 就
| It means "only". It can be followed by nouns, verbs, clauses or the pronoun "这样".
| ■ 别人都来了，就他没来。
| ■ 我们就(有)一个儿子。
| ■ 就这样，我到了中国。

| ③ 一会儿……一会儿……
| It is to describe the appearance of two circumstances by turns.
| ■ 这星期的天气很奇怪，一会儿晴天，一会儿下雨。

| ④ 究竟
| It is used in written language, to make further queries in questions.
| ■ 他究竟是谁？

| ⑤ 不管……都……
| It is spoken language similar to "无论……都……".
| ■ 不管你遇到什么困难，我们都会帮你。

现在女人对男人的要求太高了：外表要帅，动作要酷，内心要坚强勇敢，做事要慷慨大度，当然挣钱还不能少。可是这样的男人大概只有在电影里才找得到。在生活中，有时候，为了当一名真正的男子汉，我真不知道怎么做才好①。就拿昨天发生的那件事来说吧：

我跟女朋友在超市结完账以后，发现收银员少找给我一块钱，我想去找她要回来。没想到女朋友嘲笑我为了一块钱斤斤计较，不是一个真正的男子汉。我觉得她说得有道理，不就②是一块钱吗？男子汉应该大方一点，我连忙放弃了这个打算。没想到她又嘲笑我了："你不是说要去找回来吗？一会儿要去，一会儿③又不去了。说的一套，做的又一套。你怎么说话不算数呀？"我连忙解释说我这样做是因为接受了她的意见，不想做斤斤计较的男人。不料她白了我一眼说："我只是随便说说，连这么点小事你都不能坚持自己的意见，你还是男子汉吗？我真有点儿看不起你了。"

我听了这话郁闷极了，只好向她请教："那么我究竟④应该怎么做才是真正的男子汉呢？"

她的回答让我更郁闷了："你不管怎么做都⑤当不了真正的男子汉！"

第六单元　性格修养
第二十四课　怎样才是男子汉？

生　词

1. 男子汉　　nánzǐhàn　　名(n.)　　a manly man
2. 外表　　wàibiǎo　　名(n.)　　outward appearance
3. 内心　　nèixīn　　名(n.)　　innermost being
4. 坚强　　jiānqiáng　　形(a.)　　strong, forceful
5. 勇敢　　yǒnggǎn　　形(a.)　　brave
6. 大度　　dàdù　　形(a.)　　magnanimous
7. 大概　　dàgài　　副(adv.)　　probably
8. 真正　　zhēnzhèng　　形(a.)　　real
9. 不知道……才好　　bù zhīdào……cái hǎo　　don't know what to do will be OK
10. 收银员*　　shōuyínyuán　　名(n.)　　cashier
11. 嘲笑　　cháoxiào　　动(v.)　　laugh at
12. 有道理　　yǒu dàolǐ　　with reason
13. 一会儿……一会儿……　　yīhuìr……yīhuìr……　　one moment..., the next...
14. 说的一套, 做的一套　　shuō de yī tào, zuò de yī tào　　saying one thing and do another
15. 说话不算数　　shuōhuà bù suànshù　　do not keep to one's word
16. 解释　　jiěshì　　动(v.)　　explain
17. 意见　　yìjiàn　　名(n.)　　opinion
18. 不料　　bùliào　　副(adv.)　　unexpectedly
19. 白……一眼　　bái……yī yǎn　　glance at (somebody) with despise or anger
20. 看不起　　kànbuqǐ　　look down upon
21. 请教　　qǐngjiào　　动(v.)　　consult
22. 究竟　　jiūjìng　　副(adv.)　　actually
23. 不管……都……　　bùguǎn……dōu……　　regardless of ...

语言点中文注释

1. 不知道……才好

表示应该如何选择或决定。例如：

这些东西都太漂亮了，真不知道买哪个才好。

2. "就"表示只有

表示确定范围，只有。后面可以跟名词、动词、小句或代词"这样"。例如：

我们就（有）一个儿子。
我就学过英语。
别人都来了，就校长没来。
就这样，我们来到了中国。

3. 一会儿……一会儿……

表示两种情况交替出现。例如：

这星期的天气很奇怪，一会儿晴天，一会儿下雨。

4. 究竟

用于疑问句（一般为特指疑问句或选择疑问句），表示进一步追究，有加强语气的作用。多用于书面语，口语中多用"到底"。例如：

他究竟是谁？

5. 不管……都……

用于有疑问代词或并列短语的语句，表示在任何条件下结果或结论都不会改变。同"无论……都……"。不过，"无论"多用于书面，"不管"多用于口语。例如：

不管你遇到什么困难，我们都会帮你。

第六单元语言点总结

1. 不是……吗? (第二十一课)

红糖白糖不是差不多吗?

2. 把……v. 成…… (第二十一课)

他常常把十字写成千字,把千字写成十字。

3. 何必 (第二十一课)

火车公司何必这么认真呢?

4. 好在 (第二十一课)

好在王大夫同汪大夫也差不多,就让他试试看吧。

5. 于是 (第二十一课)

算了,算了,好在王大夫同汪大夫也差不多,就让他试试看吧。于是这位王大夫用治牛的方法给差不多先生治了一个多小时的病,差不多先生就死了。

6. 各 (第二十二课)

不同的人性格不同,做事情的方式也各不相同。

7. 仍然 (第二十二课)

小钱今年三十多岁了,人长得很帅,工资挣得也不少,可是仍然是单身。

8. 难道 (第二十二课)

难道我说错了吗?

9. V. 满 (第二十二课)

小钱在他的大衣口袋里放满了旧信封、废纸、塑料袋。

10. 拿……来说（第二十三课）

有人会因为口头禅让自己得到很多机会和朋友，也有人会因为口头禅失去很多机会和朋友。就拿我们办公室的小张和小王来说吧。

11. v. /adj. 起来（第二十三课）

他经常说的一句口头禅"不错嘛"会让烦恼的人开心起来。

12. v. /adj. 死了（第二十三课）

烦死了。

13. "可"作副词（第二十三课）

总之，可别小看一句小小的口头禅，因为它可以间接地反映使用者的性格，帮助我们更清楚地认识别人和自己。

14. 不知道……才好（第二十四课）

在生活中，有时候，为了当一名真正的男子汉，我真不知道怎么做才好。

15. "就"表示只有（第二十四课）

我觉得她说得有道理，不就是一块钱吗？

16. 一会儿……一会儿……（第二十四课）

你不是说要去找回来吗？一会儿要去，一会儿又不去了。

17. 究竟（第二十四课）

那么我究竟应该怎么做才是真正的男子汉呢？

18. 不管……都……（第二十四课）

你不管怎么做都当不了真正的男子汉！

第七单元

家庭伦理

第七单元学习目标

熟练掌握并灵活运用该课的语言点；掌握主要生词的意义和用法；正确书写重点汉字；流畅地阅读课文，理解相关文章。

第二十五课要求：

通过阅读准确获取汇款单上的相关信息；正确运用本课所学的语言点和关键词描述自己的父亲，练习填写快递单。

第二十六课要求：

正确运用本课所学的语言点和关键词论述自己对代沟问题的看法，练习看图写作文。

第二十七课要求：

理解相关文章并根据句子之间的逻辑关系排序；正确运用本课所学的语言点和关键词描述自己和父母之间的故事，练习写留言条。

第二十八课要求：

正确运用本课所学的语言点和关键词描述自己的宠物，练习就一个问题论述自己的观点。

第七单元　家庭伦理
第二十五课　一张忘取的汇款单

第二十五课
一张忘取的汇款单

热身

你一般用直接的方式还是间接的方式表达对父母的爱？你的父母呢？你们为什么要用这样的方式表达感情？

① 再 adj./v. 也……
It indicates that the result will by no means change, which is similar to "不管/无论怎么".
■ 这个东西再好,我也不买。

② 不如
It is used for comparison, which means "not as good as".
■ 睡懒觉不如去锻炼身体。

③ 对于
It is often followed by nouns, or sometimes by verbs or clauses, which means "toward" or "with regard to".
■ 对于你的帮助,我们表示感谢。

④ 疑问代词表虚指
Interrogative pronoun may refer to some uncertain things or circumstances.
■ 你有什么事吗?

⑤ 并
It means "furthermore" or "moreover", which may connect clauses or verbs.
■ 我们送给她生日礼物,并祝她生日快乐。

　　我不常给父亲打电话,但每个月再忙我也①会去邮局给他寄钱。每次到邮局我都会想起上大学时父亲给我寄钱的情景:父亲没有工作,靠收废品供我上学。每个月他都要去邮局把一些又破又旧的零钱放到柜台上,赔着笑脸,不好意思去看邮局工作人员鄙夷的目光……

　　现在,我也用同样的方式给父亲寄钱。邮局的人总是说,你每个月都要来寄钱,不如②用银行汇款的方式,一年汇一次,多省事啊。对于③他们的好心,我很感谢。但是他们不明白,当邮递员来到村子里,大声喊着父亲的名字让他来拿汇款单的时候,是父亲最骄傲的时候。然后他会换上最整洁的衣服,去邮局取钱。在路上,总是有人问,干什么去呀?他就摇摇手中的汇款单说,儿子寄钱来了,取钱去!整个过程对父亲来说就像是过节一样。

　　一天我又去邮局寄钱,邮局的人提醒我说,过几天就是父亲节了,你不在汇款单上给你父亲写点儿什么④吗?虽然我和父亲都不习惯用这种方式表达关爱,但我还是在上面写上了几个字:祝父亲节快乐!可是三个多月以后钱却被退回来了。我给父亲打电话问他,他只是简单地说忘了取了。我有点儿生气了,只好又去邮局寄了一次。

　　两年后,父亲去世了。我在整理他的遗物的时候在一个漂亮的盒子里发现了那张汇款单。原来父亲早已看到我的祝福,并⑤把它用自己的方式藏在了心里。

根据安宁的《一张忘取的汇款单》改编,摘自《青年文摘(绿版)》2007年第12期。

第七单元 家庭伦理
第二十五课 一张忘取的汇款单

生 词

1. 情景	qíngjǐng	名(n.)	scene
2. 收废品*	shōu fèipǐn		purchase, gather salvage
3. 供	gōng	动(v.)	maintain, to provide for
4. 破	pò	形(a.)	outworn
5. 零钱	língqián	名(n.)	change
6. 笑脸	xiàoliǎn	名(n.)	forced-smiling face
7. 鄙夷	bǐyí	形(a.)	despised
8. 不如	bùrú	动(v.)	not as
9. 汇款	huìkuǎn	动(v.)	to remit; to send money
10. 对于	duìyú	介(prep.)	for
11. 邮递员*	yóudìyuán	名(n.)	postman, mail carrier
12. 汇款单*	huìkuǎndān	名(n.)	money order
13. 骄傲	jiāo'ào	形(a.)	proud
14. 整洁	zhěngjié	形(a.)	neat
15. 整个	zhěnggè	形(a.)	whole
16. 过节	guò jié	动(v.)	celebrate a festival
17. 父亲节*	fùqīnjié	名(n.)	Father's Day
18. 表达	biǎodá	动(v.)	express
19. 关爱	guān'ài	动(v.)	care
20. 退	tuì	动(v.)	return, give back
21. 去世	qùshì	动(v.)	pass away
22. 整理	zhěnglǐ	动(v.)	to clear up
23. 遗物	yíwù	名(n.)	possessions of the dead
24. 祝福	zhùfú	名(n.)	blessings
25. 并	bìng	连(conj.)	and
26. 藏	cáng	动(v.)	hide

语言点中文注释

1. 再 adj/v. 也……

表示假设和让步,结果不会因为前面的假设和让步而改变,有"不管/无论怎么"的意思。例如:

我再忙也会来的。

这个东西再好,我也不买。

2. 不如

用于比较,表示比不上。例如:

我的汉语不如他。

睡懒觉不如去锻炼身体。

3. 对于

表示人、事物、行为之间的对待关系。多跟名词组合,也可以跟动词、小句组合。例如:

对于你的帮助,我们表示感谢。

4. 疑问代词表虚指

疑问代词可以表示虚指,用来代替不确定的事物或情况。例如:

你有什么事吗?

我想吃点什么。

5. 并

而且,并且。可以连接小句或动词。例如:

我们送给她生日礼物,并祝她生日快乐。

第七单元　家庭伦理
第二十六课　母亲和女儿的信

第二十六课
母亲和女儿的信

热　身

> 不学着做点儿针线活儿，当心以后嫁不出去！

这个年轻人与老奶奶的想法有什么不一样？
年轻人对老奶奶的话是什么态度？为什么会是这样的态度？
你跟父母之间有没有代沟？举个例子说明。

妈妈：

　　有些话在我的心底藏了很久了，今天我再也忍不住了，我必须告诉您。

　　在上初三以前我不知道什么是代沟，因为以前您很理解我，我们的生活没有烦恼，没有矛盾。可是我上初三以后，您渐渐①地变了。在您的眼中，最重要的不是我，而是我的学习成绩。现在您不允许我有任何业余爱好，只要有时间，您就会催我去学习，即使看书也②只能看课本。如果有男同学给我打电话，您就十分紧张，不停地唠叨，暗示我不能早恋。您总是强迫我接受您的看法，虽然您每次都强调只是向我介绍您的看法，可是只有我接受以后，您才会停下来。我觉得跟您交流越来越难了，看来，代沟在我们家里也出现了。

　　妈妈，我多希望回到小时候，那时没有这么多作业，我们是亲密的母女，也没有这个可恨的代沟。您说，还有可能吗？

烦恼的女儿

---

① 渐渐
It means "gradually" or "little by little". It indicates the increase/decrease in degree or amount as time passes by.
■ 天渐渐地暖和起来了。

② 即使……也……
It implies a hypothesis and concession.
■ 即使下雨，我们也要去。

第七单元　家庭伦理
第二十六课　母亲和女儿的信

女儿：

　　看到你的这封信，妈妈很吃惊，没想到你的心里有这么多烦恼。

　　我们在很多方面的看法都不一样，这大概就是你说的代沟吧。但是妈妈是很爱你的，希望你成功，希望你将来过得比我好。青春期的孩子，有些叛逆，是很正常的。可是你的分析判断能力和控制能力还都不强，社会经验也不丰富。比如，对于学习，你一方面明白只有努力才能有好成绩，另一方面③又控制不住自己，有时似乎④完全忘记了学习。妈妈只能反复提醒你，这在你看来，就成了唠叨。我知道你学习很累，但这个时代竞争太激烈了，也充满了诱惑，妈妈也是不得不这样做。

　　初中三年级很重要，以后我会努力理解你，跟你多交流，也希望你理解妈妈的好心，我们还是亲密的母女。

　　　　　　　　　　　爱你的妈妈

---

③ 一方面……另一方面……
It is to connect two things or two aspects of one thing, which equals to "on the one hand...on the other hand...".
- 他们跟父母一起住，一方面可以照顾老人，另一方面老人也可以帮他们照顾孩子。

④ 似乎
It indicates an unsure judgement.
- 她似乎明白了这个词的意思，可是又说不出来。

129

生 词

1. 初三*	chū sān	名(n.)	the third grade of junior middle school
2. 代沟	dàigōu	名(n.)	generation gap
3. 矛盾	máodùn	名(n.)	contradiction
4. 渐渐	jiànjiàn	副(adv.)	gradually
5. 允许	yǔnxǔ	动(v.)	permit
6. 催	cuī	动(v.)	urge
7. 即使……也……	jíshǐ……yě……		even if...
8. 唠叨	lāodao	动(v.)	nag
9. 早恋	zǎoliàn	动(v.)	fall in love at an early age
10. 强迫	qiángpò	动(v.)	force
11. 交流	jiāoliú	动(v.)	communicate
12. 看来	kànlái		it seems that
13. 可恨	kěhèn	形(a.)	hateful
14. 将来	jiānglái	名(n.)	(in the) future
15. 青春期*	qīngchūnqī		adolescence
16. 叛逆	pànnì	形(a.)	rebel
17. 分析	fēnxī	动(v.)	analyze
18. 判断	pànduàn	动(v.)	judge
19. 能力	nénglì	名(n.)	ability
20. 控制	kòngzhì	动(v.)	control
21. 一方面……, 另一方面……	yī fāngmiàn……, lìng yī fāngmiàn……		on the one hand...on the other hand...
22. 似乎	sìhū	副(adv.)	seemingly
23. 反复	fǎnfù	动(v.)	time and time again
24. 竞争	jìngzhēng	名(n.)	competition
25. 激烈	jīliè	形(a.)	fierce
26. 诱惑	yòuhuò	名(n.)	temptation

第七单元　家庭伦理
第二十六课　母亲和女儿的信

语言点中文注释

1. 渐渐

表示程度或数量随时间缓慢地增减。例如：

天渐渐地暖和起来了。

2. 即使……也……

表示假设兼让步。例如：

即使下雨，我们也要去。

3. 一方面……另一方面……

连接相关的两种事物或同一事物的两个方面。例如：

他们跟父母一起住，一方面可以照顾老人，另一方面老人也可以帮他们照顾孩子。

4. 似乎

表示一种不确定的判断。例如：

她似乎明白了这个词的意思，可是又说不出来。

对外汉语短期培训系列教材
◎实践汉语——中级读写

第二十七课
来吃饭的是父母

热 身

你认为什么是孝顺父母的最好的方式？

第七单元　家庭伦理
第二十七课　来吃饭的是父母

周末他请三个人吃饭，两个是他的上司，一个是他的朋友。他预订了饭店里最好的包间，点了最贵的套餐，提前半个小时就在包间里等着了。

可是没有想到两个上司都有急事不能来了，于是他只好把最贵的套餐换成了最便宜的。菜很快都上来了，他打电话催朋友快来。非常不巧的是，朋友因为孩子突然生病，也来不了了。看着满满一桌子饭菜，他直发愁。

这时，他的父亲打来电话问他是否回家吃饭。他突然有了一个主意，这时候请哪个①朋友来吃饭都来不及了，不如叫父母过来吃饭吧。他父亲很高兴地答应了。放下电话，他想起来一个自己都不愿意承认的事实：他请很多人吃过饭，就是没有请过自己的父母。因为工作忙，应酬多，虽然都住在同一个城市，他也很少回家。父母每个周末倒②都会打过电话来问他回不回家，可是他给父母的常常是

---

①疑问代词表任指
Interrogative pronoun may indicate that there is no exception within certain extent.
- 我工作的时候，什么人都不见。
- 他的身体不好，哪儿都不能去。

②倒
It indicates an opposition to general circumstance.
- 妹妹倒比姐姐高。

③ 一点儿……也/都不/没……

It is to emphasize the negation.
- 这个问题一点儿都不难。
- 他突然让我上课,我一点儿准备都没有。

④ 到处

It means everywhere, often used with "都".
- 早上,在公园里到处都可以看见锻炼身体的人。

否定的回答。

父母很快就来了,他们一点儿也③没有怀疑儿子为什么会突然请他们出来吃饭。两个人的脸上都乐开了花,不停地夸这个饭店的饭菜好吃,档次高,并为他花了很多钱请他们吃饭感到不安。他不好意思向父母说明这是他跟父母第一次在外面一起吃饭,而且吃的是这个饭店最便宜的套餐。他给父母分别敬了酒,然后跟父母一起回了家。

周一刚上班,一个跟他父母住在同一小区的同事就告诉他:"昨天你父母在小区里到处④炫耀,说你请他们在最好的饭店吃了一顿高档饭,你可真孝顺。"同事说完就走了,没有注意到他的眼泪已经悄悄地流了下来。他决定以后每个周末都请父母出来吃顿饭。

根据周海亮的同名文章改编,摘自《新闻世界》2000年第6期。

第七单元 家庭伦理
第二十七课 来吃饭的是父母

生 词

1. 上司	shàngsi	名(n.)	superior, boss
2. 预订	yùdìng	动(v.)	book, place an order
3. 包间*	bāojiān	名(n.)	a compartment for dinner
4. 套餐	tàocān	名(n.)	combo
5. 急事	jíshì	名(n.)	sth. urgent
6. 巧	qiǎo	形(a.)	just by chance
7. 是否	shìfǒu	副(adv.)	whether
8. 主意	zhǔyi	名(n.)	idea
9. 答应	dāying	动(v.)	agree, promise
10. 承认	chéngrèn	动(v.)	admit
11. 事实	shìshí	名(n.)	truth
12. 应酬	yìngchou	名(n.)	social interaction
13. 倒	dào	副(adv.)	while
14. 否定	fǒudìng	动(v.)	negative
15. 夸	kuā	动(v.)	praise, applaud
16. 档次	dàngcì	名(n.)	quality, level
17. 不安	bù'ān	形(a.)	nervous
18. 分别*	fēnbié	副(adv.)	separately, individually
19. 敬酒	jìng jiǔ		toast
20. 小区*	xiǎoqū	名(n.)	subdistrict
21. 到处	dàochù	名(n.)	everywhere
22. 炫耀	xuànyào	动(v.)	show off
23. 顿	dùn	量(m.w.)	measure word for meal
24. 孝顺	xiàoshun	形(a.)	filial
25. 悄悄	qiāoqiāo	副(adv.)	quietly

语言点中文注释

1. 疑问代词表任指

疑问代词可以表示任指,意思是在所说的范围内没有例外。例如:

我工作的时候,什么人都不见。

他的身体不好,哪儿都不能去。

2. 倒

表示跟一般的情理相反。例如:

妹妹倒比姐姐高。

3. 一点儿……也/都不/没……

表示对否定的强调。例如:

这个问题一点儿都不难。

他突然让我上课,我一点儿准备都没有。

4. 到处

表示每个地方。例如:

早上,在公园里到处都可以看见锻炼身体的人。

第七单元　家庭伦理

第二十八课　丁克与丁宠

第二十八课
丁克与丁宠

热身

你有宠物吗？
你为什么要养或者不养宠物？

你认为养宠物跟养孩子一样吗？

① 俩

It is used in colloquial speech which equals to "两个".

■ 早上我吃了俩面包。

　　汪先生和汪太太结婚七八年了，一直没要孩子。开始几年，朋友们有时候会劝他们趁着年轻早一点儿要孩子，但是后来看见他们俩①一点儿动静也没有，也就习惯了，渐渐地不再为他们操心了。最近忽然听汪先生和汪太太说有了宝宝，连名字都起好了，叫"可可"，朋友们非常高兴，于是买了很多婴儿用品，约好一起到汪家祝贺。没想到大家到汪家以后，却没看见婴儿。一会儿汪家的保姆带着一条小狗从外边回来了，汪太太连忙走过去亲热地把小狗抱起来叫"可可"，大家才明白"可可"原来是一条小狗。看得出来，汪先生和汪太太都很喜欢可可，就像对自己生的孩子一样。汪太太还说，可可给家里带来了许多欢乐，他们最近还是不打算要孩子。

　　近年来，像汪先生和汪太太这样的"丁克"家庭，已有不少成为"丁宠"家庭。"丁克"家庭的夫妻都有正常

第七单元　家庭伦理
第二十八课　丁克与丁宠

的 生育能力，但是他们不同意结婚是为了 传宗接代 的传统观念，更愿意过 自由自在、充满浪漫的"二人世界"生活。养孩子不但要花费大量的时间、精力和金钱，而且还要懂得怎么教育孩子，很多年轻人都担心承担不了这个责任。而且将来大家都是靠自己生活，谁也 用不着② 孩子来给自己 养老。所以，中国的"丁克"家庭在不断 增加。

与"丁克"相比，"丁宠"这个词的流行比较晚，被用来描述那些养 宠物、不养孩子的家庭。"丁宠"家庭中的宠物虽然不是孩子，但它们在家庭中的 地位、以及③ 它们享受的生活 待遇，其实 不比④ 孩子 差，有的甚至还更好。"丁宠"家庭每月花费在"儿女"身上的钱在一千元左右，不比养一个孩子花钱少。

---

②用不着
It means "there is no need...".
- 这个工作我自己就可以完成，用不着别人帮忙。

③以及
It is to connect paratactic nouns, verbs or clauses.
- 这个商店里卖衣服、鞋子以及各种生活用品。

④不比
It either indicates that two objects in comparison are kind of the same in certain aspect, or implies that the former is probably not more... than the latter.
- 这个饭店的档次不比那个饭店低。

生 词

1. 丁克*	dīngkè	名(n.)	DINK
2. 丁宠*	dīngchǒng	名(n.)	DINK but Pets family
3. 趁(着)	chèn(zhe)	动(v.)	take the advantage of (time, opportunity, etc.)
4. 俩	liǎ	代(pron.)	two
5. 动静	dòngjing	名(n.)	activity
6. 操心	cāo xīn	动(v.)	worry about
7. 婴儿	yīng'ér	名(n.)	baby, infant
8. 祝贺	zhùhè	动(v.)	congratulate
9. 保姆	bǎomǔ	名(n.)	housemaid, housekeeper
10. 亲热	qīnrè	形(a.)	intimate
11. 近年来	jìn nián lái		during the past few years
12. 生育	shēngyù	名(n.)	breeding
13. 传宗接代	chuán zōng jiē dài		to carry on the Stewart name
14. 观念	guānniàn	名(n.)	thought
15. 自由自在	zì yóu zì zài		footloose
16. 养	yǎng	动(v.)	to raise
17. 精力	jīnglì	名(n.)	energy
18. 用不着	yòng bù zháo		need not
19. 养老	yǎng lǎo	动(v.)	provide for the aged
20. 增加	zēngjiā	动(v.)	increase
21. 描述	miáoshù	动(v.)	describe
22. 宠物	chǒngwù	名(n.)	pet
23. 地位	dìwèi	名(n.)	status
24. 以及	yǐjí	连(conj.)	and
25. 待遇	dàiyù	名(n.)	treatment
26. 差	chà	形(a.)	worse

语言点中文注释

1. 俩
表示两个，用于口语。例如：
早上我吃了俩面包。

2. 用不着
表示不需要。例如：
这个工作我自己就可以完成，用不着别人帮忙。

3. 以及
表示联合关系，连接并列的名词、动词、小句等。多用于书面。例如：
这个商店里卖衣服、鞋子以及各种生活用品。

4. 不比
表示对比较的否定，例如：
这个饭店的饭菜不比那个饭店的贵。(这两个饭店的饭菜差不多贵，或这个饭店的饭菜比那个饭店的便宜。)

第七单元语言点总结

1. 再 adj./v. 也……（第二十五课）
每个月再忙我也会去邮局给他寄钱。

2. 不如（第二十五课）
邮局的人总是说,你每个月都要来寄钱,不如用银行汇款的方式,一年汇一次,多省事啊。

3. 对于（第二十五课）
对于他们的好心,我很感谢。

4. 疑问代词表虚指（第二十五课）
你不在汇款单上给你父亲写点儿什么吗?

5. 并（第二十五课）
原来父亲早已看到我的祝福,并把它用自己的方式藏在了心里。

6. 渐渐（第二十六课）
可是我上初三以后,您渐渐地变了。

7. 即使……也……（第二十六课）
只要有时间,您就会催我去学习,即使看书也只能看课本。

8. 一方面……另一方面……（第二十六课）
对于学习,你一方面明白只有努力才能有好成绩,另一方面又控制不住自己,有时似乎完全忘记了学习。

9. 似乎（第二十六课）

学习上，你一方面明白只有努力才能有好成绩，另一方面又控制不住自己，有时似乎完全忘记了学习。

10. 疑问代词表任指（第二十七课）

这时候请哪个朋友来吃饭都来不及了。

11. 倒（第二十七课）

虽然都住在同一个城市，他也很少回家。父母每个周末倒都会打过电话来问他回不回家。

12. 一点儿……也/都不/没……（第二十七课）

父母很快就来了，他们一点儿也没有怀疑儿子为什么会突然请他们出来吃饭。

13. 到处（第二十七课）

昨天你父母在小区里到处炫耀。

14. 俩（第二十八课）

后来看见他们俩一点儿动静也没有，也就习惯了。

15. 用不着（第二十八课）

将来大家都是靠自己生活，谁也用不着孩子来给自己养老。

16. 以及（第二十八课）

它们在家庭中的地位，以及它们享受的生活待遇，其实不比孩子差。

17. 不比（第二十八课）

它们在家庭中的地位，以及它们享受的生活待遇，其实不比孩子差。

143

第八单元
社会问题

第八单元学习目标

熟练掌握并灵活运用该课的语言点;掌握主要生词的意义和用法;正确书写重点汉字;流畅地阅读课文,理解相关文章。

第二十九课要求:

正确运用本课所学的语言点和关键词描述堵车的故事,练习就一个问题论述自己的观点。

第三十课要求:

正确运用本课所学的语言点和关键词写一个关于动物的故事,练习写认领启事。

第三十一课要求:

正确运用本课所学的语言点和关键词描述节日和节日中发生的故事。

第三十二课要求:

正确运用本课所学的语言点和关键词介绍广告,练习就一个问题展开调查并撰写调查报告。

第八单元 社会问题
第二十九课 中国大城市的新问题——汽车

第二十九课
中国大城市的新问题——汽车

热　身

> 我真的找不到地方停车……

图画中的这个人为什么把汽车停在别人的车上面？
在你们国家有没有堵车的问题？

在中国，大城市需要解决的问题很多，其中最麻烦的是汽车带来的问题。中国改革开放以后，人们的生活水平提高得很快，对很多人来说，买一辆汽车已经不是一件难事儿了，有的家庭甚至还买了第二辆、第三辆车。由于汽车越来越多，因此①我们在享受汽车带来的方便的同时，也被迫接受车多带来的烦恼：不管什么时候，不管在什么地方都有可能出现交通堵塞，上下班的时候更是寸步难行；城市的空气被污染了，对每个人的身体健康都有影响；在城市中心很难找到停车的地方，有时恨不得②把自己的汽车停在别人的汽车上面。在这些问题中，我们每天都要发愁的就是堵车了。

为了解决交通堵塞的问题，很多大城市都开始修路了，不但增加马路的数量，而且增加马路的宽度，还修了很多立交桥，但是这些新修的马路很快也堵车了。后来，人们渐渐发现要想解决车多和路窄的矛盾，根本办法不是修路，而是发展公共交通。因为马路的增加速度总是没有汽车的增加速度快，再说③，路修得太多也会浪费土地。于是，城市

① 由于……因此……
"由于" equals to "因为" and presents a reason. It may collocate with "所以" or "因此".
■ 由于很多"丁克"家庭把宠物当做自己的孩子，因此他们又被称作"丁宠"。

② 恨不得
It indicates that one is eager to get something done which is unlikely in fact. It must be followed by a verbal phrase which acts as an object.
■ 我恨不得马上就见到他。

③ 再说
It is to give supplementary explanation.
■ 明天我们不去长城了吧，我还要上班，再说，明天的天气也不好。

第八单元 社会问题
第二十九课 中国大城市的新问题——汽车

里的公共汽车增加了，票价也便宜了，很多城市还在修地铁。

其实，在解决交通堵塞的问题上，除了修路和发展公共交通以外，我们可以改进的还有很多，比如：改进路口和红绿灯的设计；不妨④改变一下现在统一的上下班时间；减少政府和单位的公车数量；提高人们遵守交通规则的意识，不要闯红灯；在找不到其他解决办法时，对开车的人收道路堵塞费，等等。

④ 不妨
It means "might as well", often used to give a suggestion.
- 虽然你对他并不了解，但是你不妨找他谈谈。

生　词

1. 解决　　　　　　jiějué　　　　　　　　动(v.)　　solve
2. 改革　　　　　　gǎigé　　　　　　　　动(v.)　　reform
3. 由于……因此……　yóuyú……yīncǐ……　　　　　　　because...
4. 交通　　　　　　jiāotōng　　　　　　　名(n.)　　traffic
5. 堵塞　　　　　　dǔsè　　　　　　　　　动(v.)　　jam
6. 寸步难行　　　　cùn bù nán xíng　　　　　　　　stumble at every step
7. 污染　　　　　　wūrǎn　　　　　　　　动(v.)　　pollute
8. 恨不得　　　　　hènbude　　　　　　　　　　　　itch to
9. 修(路)　　　　　xiū(lù)　　　　　　　动(v.)　　build (roads)
10. 数量　　　　　 shùliàng　　　　　　　名(n.)　　number, quantity
11. 宽度　　　　　 kuāndù　　　　　　　　名(n.)　　width
12. 立交桥*　　　　lìjiāoqiáo　　　　　　名(n.)　　overpass
13. 根本　　　　　 gēnběn　　　　　　　　形(a.)　　basic
14. 发展　　　　　 fāzhǎn　　　　　　　　动(v.)　　develop
15. 速度　　　　　 sùdù　　　　　　　　　名(n.)　　speed
16. 再说　　　　　 zàishuō　　　　　　　 连(conj.) what's more
17. 土地　　　　　 tǔdì　　　　　　　　　名(n.)　　land
18. 改进　　　　　 gǎijìn　　　　　　　　动(v.)　　improve
19. 红绿灯*　　　　hónglǜdēng　　　　　　名(n.)　　traffic light
20. 不妨　　　　　 bùfáng　　　　　　　　副(adv.) might (do something) as well
21. 统一　　　　　 tǒngyī　　　　　　　　形(a.)　　unified
22. 减少　　　　　 jiǎnshǎo　　　　　　　动(v.)　　reduce
23. 政府　　　　　 zhèngfǔ　　　　　　　 名(n.)　　government
24. 公车*　　　　　gōngchē　　　　　　　　名(n.)　　a car belonging to government or a company
25. 遵守　　　　　 zūnshǒu　　　　　　　 动(v.)　　submit, comply with
26. 规则　　　　　 guīzé　　　　　　　　　名(n.)　　rule

第八单元 社会问题
第二十九课 中国大城市的新问题——汽车

语言点中文注释

1. 由于……因此……

"由于"表示原因或理由，意义同"因为"，与之搭配的除了"所以"以外，还有"因此"，多用于书面语。例如：

由于很多"丁克"家庭把宠物当做自己的孩子，因此他们又被称作"丁宠"。

2. 恨不得

表示急切地盼望做成某事（多用于实际做不到的事）。后面必须带动词做宾语。例如：

我恨不得马上就见到他。

3. 再说

表示对前文已经说明的原因进行补充。例如：

明天我们不去长城了吧，我还要上班，再说，明天的天气也不好。

4. 不妨

表示可以这样做，没有什么妨碍。

虽然你对他并不了解，但是你不妨找他谈谈。

对外汉语短期培训系列教材
◎实践汉语——中级读写

第三十课
牛的母爱

热　身

最近几年的气候正常吗？如果不正常，原因是什么？
你知道不正常的气候对人类和动物的生活有什么影响吗？

第八单元 社会问题

第三十课 牛的母爱

这是一个真实的故事。故事发生在中国西部的青海省，由于天气一年比一年热，这个本来①就很少下雨的地方成了沙漠。这里的每个人每天只有三斤水，还得靠军队从很远的地方运来。人们的日常生活和给牲畜喝的都靠这三斤珍贵的水。

人缺水不行，牲畜也一样，渴啊！有一天，一头老牛渴极了，闯到了沙漠里唯一的一条公路上，这是运水军车一定会经过的公路。很多汽车开过去了，老牛都没有动。终于，运水的军车来了。老牛好像已经认识了这辆汽车，立即冲上公路，站到了军车的前面，司机赶快刹车。老牛安静地站在车前，不管司机怎么打骂驱赶，也不肯动半步。五分钟过去了，十分钟过去了，人和牛就这样坚持了整整②半个小时，几十辆车都被堵在了路上。后面的司机开始骂人，有个着急的司机甚至想用火把牛赶走，可是老牛不走。

后来，牛的主人找来了。主人听了司机们的埋怨，一边道歉，一边举起鞭

---

① 本来

It means "originally". It may be put before verbs, adjectives, or subjects.
- 这条路本来很宽，由于路边停了很多汽车，就越来越窄了。

② 整整

It has an idea of exaggeration.
- 我为了这件事整整忙了一天。

子狠狠地打在老牛瘦瘦的背上。老牛痛苦地叫着，不但不走，反而③站得更坚定了。血从牛背上流了出来，染红了鞭子。站在一旁的运水司机哭了，后面骂人的司机也哭了。最后，运水的司机说："就让我违反一次规定，回到军队我愿意接受批评。"他从水车里倒出半盆水——三斤左右，放在老牛面前。

　　没想到老牛并④没有喝这半盆珍贵的水，而是对着太阳，长长地叫了起来，似乎在呼唤什么。人们看见一头小牛从不远的地方跑过来，直奔水盆。受伤的老牛温柔地看着小牛贪婪地喝完水，伸出舌头舔了舔小牛的眼睛，小牛也舔了舔老牛的眼睛。在沉默中，人们看到了母子眼中的泪水。没等主人驱赶，它们转过头去，慢慢走下公路，往回走了。

根据佚名小说《牛的母爱》改编。

③ 不但不/没……反而……
It means that something unexpected happens instead of what is expected.
- 吃了药以后，他的身体不但没好，反而更糟糕了。

④ 并
The adverb "并" can be placed before "不"、"没(有)" to stress the negation. It tends to deny the opinion or explain the fact.
- A：那件事他已经告诉你了吧？
  B：他并没有告诉我。

第八单元　社会问题
第三十课　牛的母爱

生词

1. 母爱	mǔ'ài	名(n.)	mother love
2. 真实	zhēnshí	形(a.)	true
3. 本来	běnlái	副(adv.)	originally
4. 沙漠	shāmò	名(n.)	desert
5. 军队	jūnduì	名(n.)	army troops
6. 牲畜	shēngchù	名(n.)	domesticated animals
7. 珍贵	zhēnguì	形(a.)	precious
8. 唯一	wéiyī	形(a.)	sole
9. 公路	gōnglù	名(n.)	public road
10. 立即	lìjí	副(adv.)	immediately
11. 刹车	shā chē	动(v.)	put on the brakes
12. 驱赶	qūgǎn	动(v.)	drive away
13. 整整	zhěngzhěng	形(a.)	whole, exactly
14. 道歉	dàoqiàn	动(v.)	apologize
15. 举	jǔ	动(v.)	lift, raise
16. 鞭子	biānzi	名(n.)	whip
17. 不但不……反而……	bùdàn bù……fǎn'ér……		not...but even...
18. 染	rǎn	动(v.)	dye
19. 违反	wéifǎn	动(v.)	violate
20. 规定	guīdìng	名(n.)	provision
21. 倒	dào	动(v.)	pour
22. 呼唤	hūhuàn	动(v.)	call, shout to
23. 贪婪	tānlán	形(a.)	voracious
24. 舔	tiǎn	动(v.)	lick

专有名词

青海省　　　Qīnghǎishěng　　　　　　Qinghai province

语言点中文注释

1. 本来

表示原先,先前。可以用在动词或形容词前面,也可以用在主语前面。

这条路本来很宽,由于路边停了很多汽车,就越来越窄了。

2. 整整

表示达到了一个整数,有往大里说的意思。例如:

我为了这件事整整忙了一天。

3. 不但不/没……反而……

表示没有出现意料之中的情况,却发生了与之相反的情况。例如:

吃了药以后,他的身体不但没好,反而更糟糕了。

4. 并

副词"并"可以放在"不""没(有)"等前边加强否定的语气。有否定某种真实的看法,说明真实情况的意味。

A:那件事他已经告诉你了吧?

B:他并没有告诉我。

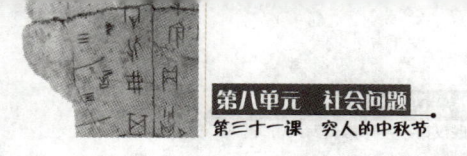

第三十一课

穷人的中秋节

热 身

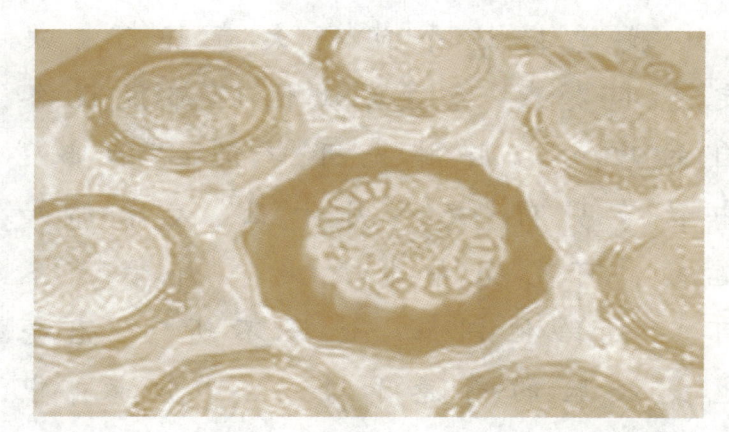

祝福中秋佳节快乐　　中秋佳节　　月圆人圆事事圆满

你知道中秋节吗？
你知道在中秋节中国人一般要做什么吗？

① 到底
It is used in questions except those with "吗". It means shooting questions at somebody.
- 你一会儿说去，一会儿说不去，你到底去不去？

② 明明
It means "obviously" or "apparently". Before or after the clause with "明明", there is often a rhetorical question or a clause indicating transition.
- 你明明知道我们今天要上课，为什么还要出去玩儿？

③ 非……不可
It means one insists on doing something or something is bound to happen.
- 我不让他去，可是他非去不可。
- 这么冷的天你只穿一件衬衣西服，非感冒不可。

④ 顺便
It means "by the way".
- 我去公园锻炼，顺便买了点儿菜。

我出门上班的时候看见门卫老黄的儿子亮亮正在和小朋友胖胖争论一个问题。亮亮说中秋节是八月十六，胖胖说中秋节是八月十五，俩人谁都不肯让步，争得脸红脖子粗，都快打起架来了。他们看见我出来急忙把我拉过来问："张叔叔，你说中秋节到底①是哪一天呀？"

我觉得这个问题太奇怪了，决定先不发表意见，让他们都说说各自的理由。胖胖先开口说："叔叔，中秋节明明②是八月十五，大家都知道的，可亮亮却非说是八月十六不可③，我给他纠正，他还不听。"亮亮也是一脸的着急和委屈："叔叔，中秋节明明就是八月十六嘛，我爸爸每年都是在这一天给我买月饼吃的！"

亮亮的话让我想起了去年的中秋节。八月十五下午，我碰到胖胖一家开着豪华汽车出去赏月，车里一千多元一盒的月饼很显眼。我也同样记得，八月十六那天，我看见门卫老黄买菜的时候顺便④在超市买了一盒月饼，小心翼翼地藏在塑料袋

第八单元　社会问题
第三十一课　穷人的中秋节

里，担心被别人发现。其实，很多下岗工人跟他一样，都在八月十六这一天买月饼，因为昨天还贵得离谱的月饼到了今天价格一下子就降了90%。我装作没看见的样子跟他打了个招呼就走了，因为我知道老黄的儿子亮亮正坐在大门口等着吃爸爸买回来的又香又甜的月饼呢。

这时候我彻底明白了两个孩子为什么争论了，可是怎么回答他们呢？这本来就不是孩子们可以理解的问题啊！看着两张天真、着急的小脸，我左右为难。终于我想出来了一个好办法，我先凑在胖胖的耳边悄悄说："你说的对，中秋节就是八月十五。"又凑到亮亮的耳边悄悄说："你说的没错，你们家的中秋节是八月十六。"说完，我赶快离开了这两个孩子，跑出了小区。孩子们长大后会不会理解我回答这个问题时的尴尬和无奈呢？

根据《语文新圃》2007年第1期曾颖的同名文章改编。

生 词

1. 门卫*	ménwèi	名(n.)	entrance guard
2. 争论	zhēnglùn	动(v.)	argue
3. 中秋节*	zhōngqiūjié	名(n.)	mid-autumn festival
4. 让步	ràngbù	动(v.)	yield
5. 脖子	bózi	名(n.)	neck
6. 到底	dàodǐ	副(adv.)	on earth
7. 发表	fābiǎo	动(v.)	express, issue
8. 意见	yìjiàn	名(n.)	opinion
9. 各自	gèzì	副(adv.)	separately
10. 理由	lǐyóu	名(n.)	reason
11. 明明	míngmíng	副(adv.)	obviously
12. 非……不可	fēi……bùkě		insist on (doing sth.)
13. 纠正	jiūzhèng	动(v.)	correct
14. 委屈	wěiqu	动(v.)	feel wronged
15. 月饼*	yuèbing	名(n.)	moon cake
16. 豪华	háohuá	形(a.)	luxurious
17. 赏月*	shǎng yuè		enjoy the moon
18. 显眼	xiǎnyǎn	形(a.)	noticeable
19. 顺便	shùnbiàn	副(adv.)	by the way, in passing
20. 小心翼翼	xiǎoxīn yìyì		very careful
21. 下岗*	xià gǎng		laid-off (worker)
22. 工人	gōngrén	名(n.)	worker
23. 离谱	lípǔ	形(a.)	far off the beam
24. 彻底	chèdǐ	副(adv.)	completely
25. 左右为难	zuǒ yòu wéinán		hesitate, can't make a decision
26. 凑	còu	动(v.)	put sth. very close to
27. 无奈	wúnài	形(a.)	helpless

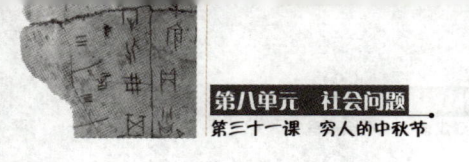

语言点中文注释

1. 到底

用于疑问句（带"吗"的疑问句除外），表示进一步追问的意思。可以用在动词、形容词或主语前。例如：

你一会儿说去，一会儿说不去，你到底去不去？

2. 明明

表示情况显然是这样。用"明明"的小句前或后常常有反问句或表示转折的小句。例如：

你明明知道我们今天要上课，为什么还要出去玩儿？

3. 非……不可

表示一定要做某事，或一定会出现某种情况。例如：

我不让他去，可是他非去不可。

这么冷的天你只穿一件衬衣西服，非感冒不可。

4. 顺便

表示利用做某事的便利（做另一件事）。例如：

我去公园锻炼，顺便买了点儿菜。

第三十二课

广告和媒体

热身

爱护环境卫生，维护我们共同的家园

过去的我

现在的我

这是一则什么广告？在你的生活中广告重要吗？
你喜欢什么样的广告？现在的广告有什么问题？

第八单元 社会问题
第三十二课 广告和媒体

现代社会，到处都是广告。不过，一般来说，广告总是和媒体绑在一起。一方面，大多数广告都是通过报纸、电视、广播和互联网这些媒体传播的；另一方面，无论我们看报纸还是看电视，都不可避免地会看到广告。在这样的情况下①，广告和媒体的结盟给我们的生活究竟带来了什么样的影响？现在我们不得不认真思考一下这个问题了。

广告会影响多数人的生活，尤其②是小孩子。最近有人对二百多名孩子的家长做了一个调查，调查的问题是："你家的孩子最爱看什么电视节目？" 60%以上的家长选择了"广告"。爱看广告的孩子年龄在8个月到10岁左右。孩子们看广告不只是看看就完了，他们还会在生活中"实践"他们喜欢的广告。一些有性暗示的广告如果被孩子们模仿，将③给他们的成长带来负面影响。

由于广告商不仅关心报纸和广播电视会有多少人看，多少人听，他们更

---

① 在……下
It means "on condition that...". What is put between "在" and "下" are often abstract nouns with modifiers.
- 在老师和同学们的帮助下，他进步很快。

② 尤其
It means "especially", indicating that something stands out in a body or comparing to the others.
- 我很喜欢吃中国菜，尤其喜欢宫保鸡丁。

③ 将
It is to forecast or predict the future circumstance. It is written language indicating "there must be" or "there will be".
- 如果不注意保护环境，地球将越来越热。

关心受众的消费能力和广告产生的效果。因此，越来越多的媒体更愿意选择那些对消费能力高的人有吸引力的广告，如豪华汽车，别墅等等，并配上"上流生活""豪华享受"等广告词，故意放大社会贫富分化带来的人群特征。一位下岗女工说她很少看电视，就是因为不愿意看到电视广告中的奢华生活，对她来说这种诱惑让她感到心酸和绝望。

　　媒体为了得到更多的广告费，有时不去调查广告是否真实，可是不真实的广告会让消费者上当。广告和媒体的结盟会使媒体只顾④自己的经济利益，忘记自己应该承担的真实、客观和公正的责任，失去人们的信任，最终也必定⑤会影响到自己的生存。

④只顾
It means only considering one thing while ignoring the other.
■ 我们不能只顾自己方便，影响了别人。

⑤必定
It means something will surely happen according to certain judgement or prediction.
■ 每到周末父母必定会给他打电话。

第八单元 社会问题
第三十二课 广告和媒体

生 词

1. 广告	guǎnggào	名(n.)	advertisement
2. 媒体	méitǐ	名(n.)	media
3. 绑	bǎng	动(v.)	tie
4. 传播	chuánbō	动(v.)	disseminate, communicate
5. 避免	bìmiǎn	动(v.)	avoid
6. 在……下	zài……xià		under
7. 结盟	jiéméng	动(v.)	ally, to become an alignment
8. 思考	sīkǎo	动(v.)	think about
9. 尤其	yóuqí	副(adv.)	especially
10. 实践	shíjiàn	动(v.)	practise
11. 负面	fùmiàn	名(n.)	downside
12. 受众*	shòuzhòng	名(n.)	reader and audience
13. 消费	xiāofèi	动(v.)	consume
14. 效果	xiàoguǒ	名(n.)	effect
15. 上流	shàngliú	名(n.)	upper class
16. 贫富分化	pín fù fēnhuà		the distinction between the rich and the poor become larger
17. 人群	rénqún	名(n.)	people group
18. 特征	tèzhēng	名(n.)	characteristics
19. 奢华	shēhuá	形(a.)	luxurious
20. 心酸	xīnsuān	形(a.)	feel sad
21. 只顾	zhǐgù	副(adv.)	only consider
22. 利益	lìyì	名(n.)	benefits, interests
23. 客观	kèguān	名(n.)	objectivity
24. 公正	gōngzhèng	名(n.)	justice
25. 信任	xìnrèn	名(n.)	trust
26. 必定	bìdìng	副(adv.)	be sure to
27. 生存	shēngcún	动(v.)	survive

语言点中文注释

1. 在……下

表示条件。名词前面要有修饰语,限指抽象事物。例如:

在老师和同学们的帮助下,他进步很快。

2. 尤其

表示在全体中或与其他事物比较时特别突出。一般用在句子的后一部分。例如:

我很喜欢吃中国菜,尤其喜欢宫保鸡丁。

3. 将

表示对未来情况的预测、判断,有"肯定、一定"的意思。用于书面。例如:

如果不注意保护环境,地球将越来越热。

4. 只顾

表示只考虑一件事情或一种情况,而不能顾及其他。例如:

我们不能只顾自己方便,影响了别人。

5. 必定

表示判断或预测一定会发生;"一定"。例如:

每到周末父母必定会给他打电话。

第八单元　社会问题

第八单元语言点总结

1. 由于……因此……（第二十九课）
由于汽车越来越多，因此我们在享受汽车带来的方便的同时，也被迫接受车多带来的烦恼。

2. 恨不得（第二十九课）
在城市中心很难找到停车的地方，有时恨不得把自己的汽车停在别人的汽车上面。

3. 再说（第二十九课）
马路的增加速度总是没有汽车的增加速度快，再说，路修得太多也会浪费土地。

4. 不妨（第二十九课）
不妨改变一下现在统一的上下班时间。

5. 本来（第三十课）
由于天气一年比一年热，这个本来就很少下雨的地方成了沙漠。

6. 整整（第三十课）
人和牛就这样坚持了整整半个小时。

7. 不但不/没……反而……（第三十课）
老牛痛苦地叫着，不但不走，反而站得更坚定了。

8. 并（第三十课）
没想到老牛并没有喝这半盆珍贵的水。

9. 到底（第三十一课）
张叔叔，你说中秋节到底是哪一天呀？

10. 明明（第三十一课）
中秋节明明是八月十五，大家都知道的，可亮亮却非说是八月十六不可。

11. 非……不可（第三十一课）
中秋节明明是八月十五，大家都知道的，可亮亮却非说是八月十六不可。

12. 顺便（第三十一课）
我看见门卫老黄买菜的时候顺便在超市买了一盒月饼。

13. 在……下（第三十二课）
在这样的情况下，广告和媒体的结盟给我们的生活究竟带来了什么样的影响？

14. 尤其（第三十二课）
广告会影响多数人的生活，尤其是小孩子。

15. 将（第三十二课）
一些有性暗示的广告如果被孩子们模仿，将给他们的成长带来负面影响。

16. 只顾（第三十二课）
广告和媒体的结盟会使媒体只顾自己的经济利益。

17. 必定（第三十二课）
广告和媒体的结盟会使媒体只顾自己的经济利益，忘记自己应该承担的真实、客观和公正的责任，失去人们的信任，最终也必定会影响到自己的生存。

生词总表

A

唉	唉	ài	叹(interj.)	1
爱情	愛情	àiqíng	名(n.)	17
安	安	ān	动(v.)	13
鞍*	鞍*	ān	名(n.)	12
安慰	安慰	ānwèi	动(v.)	11
按	按	àn	动(v.)	9
暗	暗	àn	形(a.)	9
暗示	暗示	ànshì	动(v.)	20
按照	按照	ànzhào	介(prep.)	18
熬夜	熬夜	áo yè	动(v.)	1

B

白……一眼	白……一眼	bái……yī yǎn		24
白糖	白糖	báitáng	名(n.)	21
摆	擺	bǎi	动(v.)	21
般	般	bān	助(aux.)	10
搬	搬	bān	动(v.)	14
绑	綁	bǎng	动(v.)	32
包间*	包間*	bāojiān	名(n.)	27
饱	飽	bǎo	形(a.)	1
保姆	保姆	bǎomǔ	名(n.)	28
保守	保守	bǎoshǒu	形(a.)	18
爆	爆	bào	动(v.)	13
报警器*	報警器*	bàojǐngqì	名(n.)	9
抱歉	抱歉	bàoqiàn	形(a.)	10
被迫	被迫	bèipò	动(v.)	20
辈子	輩子	bèizi	名(n.)	19

本来	本來	běnlái	副（adv.）	30
本人	本人	běnrén	名（n.）	13
奔	奔	bèn	动（v.）	11
鄙夷	鄙夷	bǐyí	形（a.）	25
必定	必定	bìdìng	副（adv.）	32
必须	必須	bìxū	副（adv.）	1
避免	避免	bìmiǎn	动（v.）	32
鞭子	鞭子	biānzi	名（n.）	30
标志	標誌	biāozhì	名（n.）	23
标准	標準	biāozhǔn	名（n.）	18
表达	表達	biǎodá	动（v.）	25
表情	表情	biǎoqíng	名（n.）	13
别墅*	別墅*	biéshù	名（n.）	19
宾馆	賓館	bīnguǎn	名（n.）	4
并	並	bìng	连（conj.）	25
脖子	脖子	bózi	名（n.）	31
不安	不安	bù'ān	形（a.）	27
不但不……反而……	不但不……反而……	bùdàn bù……fǎn'ér……		30
不得了	不得了	bùdéliǎo		1
不断	不斷	bùduàn	副（adv.）	17
不妨	不妨	bùfáng	副（adv.）	29
不管……都……	不管……都……	bùguǎn……dōu……		24
不好意思	不好意思	bù hǎoyìsi		2
不料	不料	bùliào	副（adv.）	24
不如	不如	bùrú	动（v.）	25
不是……而是……	不是……而是……	bù shì……ér shì……		18
不是……就是……	不是……就是……	bù shì……jiù shì……		6
不同	不同	bùtóng	形（a.）	5

不知不觉	不知不覺	bù zhī bù jué		7
不知道……才好	不知道……才好	bù zhīdào……cái hǎo		24
部分	部分	bùfen	名(n.)	6

C

擦	擦	cā	动(v.)	18
菜单	菜單	càidān	名(n.)	2
参加	參加	cānjiā	动(v.)	11
藏	藏	cáng	动(v.)	25
操心	操心	cāo xīn	动(v.)	28
测试	測試	cèshì	名(n.)	17
差	差	chà	形(a.)	28
差不多	差不多	chàbuduō		6
尝试	嘗試	chángshì	动(v.)	15
嘲笑	嘲笑	cháoxiào	动(v.)	24
彻底	徹底	chèdǐ	副(adv.)	31
闯	闖	chuǎng	动(v.)	11
趁(着)	趁(著)	chèn (zhe)	动(v.)	28
成功	成功	chénggōng	动(v.)	15
承担	承擔	chéngdān	动(v.)	23
承认	承認	chéngrèn	动(v.)	27
诚实	誠實	chéngshí	形(a.)	7
乘	乘	chéng	动(v.)	9
乘客	乘客	chéngkè	名(n.)	4
吃惊	吃驚	chījīng	形(a.)	2
充满	充滿	chōngmǎn	动(v.)	19
宠物	寵物	chǒngwù	名(n.)	28
冲	衝	chòng	动(v.)	21
丑	醜	chǒu	形(a.)	18

丑恶	醜惡	chǒu'è	形(a.)	13
出嫁	出嫁	chūjià	动(v.)	20
出洋相	出洋相	chū yángxiàng		12
出租	出租	chūzū	动(v.)	4
初三*	初三*	chūsān	名(n.)	26
厨师*	廚師*	chúshī	名(n.)	8
处理	處理	chǔlǐ	动(v.)	18
传	傳	chuán	动(v.)	2
传播	傳播	chuánbō	动(v.)	32
传统	傳統	chuántǒng	形(a.)	4
传宗接代	傳宗接代	chuán zōng jiē dài		28
闯	闖	chuǎng	动(v.)	11
从来	從來	cónglái	副(adv.)	4
凑(钱)	湊	còu	动(v.)	20
凑	湊	còu	动(v.)	31
粗心	粗心	cūxīn	形(a.)	10
催	催	cuī	动(v.)	26
脆	脆	cuì	形(a.)	15
寸步难行	寸步難行	cùn bù nán xíng		29

D

答应	答應	dāying	动(v.)	27
打架	打架	dǎ jià		13
打招呼	打招呼	dǎ zhāohu		14
打折	打折	dǎzhé	动(v.)	3
大半个	大半個	dà bàn gè		13
大度	大度	dàdù	形(a.)	24
大多数	大多數	dàduōshù		1
大方	大方	dàfang	形(a.)	22
大概	大概	dàgài	副(adv.)	24

大海捞针	大海撈針	dàhǎi lāo zhēn		18
大家	大家	dàjiā	代(pron.)	2
大脑	大腦	dànǎo	名(n.)	8
大排档	大排檔	dàpáidàng	名(n.)	6
大声	大聲	dà shēng		9
大夫	大夫	dàifu	名(n.)	21
代沟	代溝	dàigōu	名(n.)	26
待遇	待遇	dàiyù	名(n.)	28
单身	單身	dānshēn	名(n.)	22
单位*	單位*	dānwèi	名(n.)	13
担心	擔心	dānxīn	动(v.)	10
当地	當地	dāngdì	名(n.)	15
当年	當年	dāngnián	名(n.)	15
档次	檔次	dàngcì	名(n.)	27
当做	當做	dàngzuò	动(v.)	20
刀叉	刀叉	dāochā	名(n.)	16
倒	倒	dǎo	动(v.)	1
倒	倒	dào	副(adv.)	27
倒	倒	dào	动(v.)	30
到处	到處	dàochù	名(n.)	27
到底	到底	dàodǐ	副(adv.)	31
道	道	dào	量(m.w.)	2
道歉	道歉	dàoqiàn	动(v.)	30
得到	得到	dédào	动(v.)	23
地道	地道	dìdao	形(a.)	15
地位	地位	dìwèi	名(n.)	28
地狱	地獄	dìyù	名(n.)	9
第一步	第一步	dì yī bù		8

点	點	diǎn	动(v.)	2
电梯*	電梯*	diàntī	名(n.)	9
调查	調查	diàochá	动(v.)	13
丁宠*	丁寵*	dīngchǒng	名(n.)	28
丁克*	丁克*	dīngkè	名(n.)	28
东街*	東街*	dōngjiē	名(n.)	21
动静	動靜	dòngjing	名(n.)	28
动作	動作	dòngzuò	名(n.)	13
堵塞	堵塞	dǔsè	动(v.)	29
度过	度過	dùguò	动(v.)	6
肚子	肚子	dùzi	名(n.)	1
端	端	duān	动(v.)	2
短	短	duǎn	形(a.)	3
段	段	duàn	量(m.w.)	19
断断续续	斷斷續續	duànduànxùxù	形(a.)	21
锻炼	鍛煉	duànliàn	动(v.)	5
对……来说	對……來說	duì……lái shuō		1
对面	對面	duìmiàn	名(n.)	9
对象	對象	duìxiàng	名(n.)	22
对于	對於	duìyú	介(prep.)	25
顿	頓	dùn	量(m.w.)	27
朵	朵	duǒ	量(m.w.)	10
跺脚	跺腳	duò jiǎo	动(v.)	11

F

发表	發表	fābiǎo	动(v.)	31
发愁	發愁	fāchóu	动(v.)	5
发胖	發胖	fāpàng	动(v.)	1
发生	發生	fāshēng	动(v.)	7

发誓	發誓	fāshì	动(v.)	20
发展	發展	fāzhǎn	动(v.)	29
烦	煩	fán	形(a.)	23
烦恼	煩惱	fánnǎo	名(n.)	23
反复	反復	fǎnfù	动(v.)	26
反抗	反抗	fǎnkàng	动(v.)	20
反应	反應	fǎnyìng	名(n.)	9
反映	反映	fǎnyìng	动(v.)	23
饭菜	飯菜	fàncài	名(n.)	1
方式	方式	fāngshì	名(n.)	16
仿佛	仿佛	fǎngfú	副(adv.)	9
放弃	放棄	fàngqì	动(v.)	17
非……不可	非……不可	fēi……bù kě		31
废纸	廢紙	fèi zhǐ	名(n.)	22
分别	分别	fēnbié	副(adv.)	27
分手	分手	fēnshǒu	动(v.)	19
分析	分析	fēnxī	动(v.)	26
坟墓	墳墓	fénmù	名(n.)	20
份	份	fèn	量(m.w.)	2
风度	風度	fēngdù	名(n.)	12
风俗	風俗	fēngsú	名(n.)	16
丰富	豐富	fēngfù	形(a.)	6
否定	否定	fǒudìng	动(v.)	27
否则	否則	fǒuzé	连(conj.)	18
服务员	服務員	fúwùyuán	名(n.)	2
符合	符合	fúhé	动(v.)	18
父亲节*	父親節*	fùqīnjié	名(n.)	25
付	付	fù	动(v.)	4

| 负面 | 負面 | fùmiàn | 名(n.) | 32 |

G

改变	改變	gǎibiàn	动(v.)	13
改革	改革	gǎigé	动(v.)	29
改进	改進	gǎijìn	动(v.)	29
干	乾	gān	形(a.)	17
干巴巴	乾巴巴	gānbābā	形(a.)	15
尴尬	尷尬	gāngà	形(a.)	7
赶快	趕快	gǎnkuài	副(adv.)	14
感动	感動	gǎndòng	动(v.)	10
感情	感情	gǎnqíng	名(n.)	17
感谢	感謝	gǎnxiè	动(v.)	11
刚好	剛好	gānghǎo	副(adv.)	16
告别	告別	gàobié	动(v.)	17
歌厅	歌廳	gētīng	名(n.)	6
各	各	gè	副(adv.)	22
各……各……	各……各……	gè……gè……		2
各自	各自	gèzì	副(adv.)	31
个体	個體	gètǐ	名(n.)	16
根本	根本	gēnběn	副(adv.)	13
根本	根本	gēnběn	形(a.)	29
根据	根據	gēnjù	介(prep.)	13
跟……一样	跟……一樣	gēn……yīyàng		5
供	供	gōng	动(v.)	25
工人	工人	gōngrén	名(n.)	31
工资	工資	gōngzī	名(n.)	22
公车*	公車*	gōngchē	名(n.)	29
公路	公路	gōnglù	名(n.)	30

公正	公正	gōngzhèng	名(n.)	32
够	夠	gòu	副(adv.)	3
姑娘	姑孃	gūniang	名(n.)	10
雇	雇	gù	动(v.)	8
关爱	關愛	guān'ài	动(v.)	25
关系	關係	guānxì	名(n.)	7
关于	關於	guānyú	介(prep.)	7
观念	觀念	guānniàn	名(n.)	28
广场	廣場	guǎngchǎng	名(n.)	6
广告	廣告	guǎnggào	名(n.)	32
规定	規定	guīdìng	名(n.)	30
规则	規則	guīzé	名(n.)	29
果酱*	果醬*	guǒjiàng	名(n.)	17
果然	果然	guǒrán	副(adv.)	12
过程	過程	guòchéng	名(n.)	8
过节	過節	guò jié	动(v.)	25

H

还	還	hái	副(adv.)	14
喊	喊	hǎn	动(v.)	9
豪华	豪華	háohuá	形(a.)	31
好(不)容易	好(不)容易	hǎo (bù) róng yì		20
好气	好氣	hǎoqì	形(a.)	22
好笑	好笑	hǎoxiào	形(a.)	22
好心	好心	hǎoxīn	形(a.)	15
好在	好在	hǎozài	副(adv.)	21
好奇	好奇	hàoqí	形(a.)	10
何必	何必	hébì	副(adv.)	21
狠	狠	hěn	形(a.)	3

恨不得	恨不得	hènbude		29
红灯*	紅燈*	hóngdēng	名(n.)	11
红绿灯*	紅綠燈*	hónglǜdēng	名(n.)	29
红糖	紅糖	hóngtáng	名(n.)	21
后来	後來	hòulái	连(conj.)	9
呼唤	呼唤	hūhuàn	动(v.)	30
忽然	忽然	hūrán	副(adv.)	17
蝴蝶	蝴蝶	húdié	名(n.)	20
糊涂	糊塗	hútu	形(a.)	10
互联网*	互聯網*	hùliánwǎng	名(n.)	13
互相	互相	hùxiāng	副(adv.)	14
花	花	huā	动(v.)	5
怀疑	懷疑	huáiyí	动(v.)	10
还价	還價	huán jià	动(v.)	3
换	换	huàn	动(v.)	14
恍然大悟	恍然大悟	huǎngrán dà wù		10
回答	回答	huídá	动(v.)	11
汇款	匯款	huì kuǎn	动(v.)	25
汇款单*	匯款單*	huìkuǎndān	名(n.)	25
婚礼	婚禮	hūnlǐ	名(n.)	19
活动	活動	huódòng	名(n.)	23
活人	活人	huó rén	名(n.)	21

J

机场	機場	jīchǎng	名(n.)	4
激烈	激烈	jīliè	形(a.)	26
即使……也……	即使……也……	jíshǐ……yě……		26
极了	極了	jí le		4
急	急	jí	动(v.)	11

生词总表

急病	急病	jíbìng	名(n.)	21
急忙	急忙	jímáng	副(adv.)	15
急事	急事	jí shì	名(n.)	27
既……又……	既……又……	jì……yòu……		8
既然……就……	既然……就……	jìrán……jiù……		19
继续	繼續	jìxù	副(adv.)	20
加	加	jiā	动(v.)	3
夹	夾	jiā	动(v.)	15
家人	家人	jiārén	名(n.)	21
家务事	家務事	jiāwùshì	名(n.)	14
价签*	價簽*	jiàqiān	名(n.)	12
价钱	價錢	jiàqián	名(n.)	3
假	假	jiǎ	形(a.)	7
假如	假如	jiǎrú	连(conj.)	3
嫁	嫁	jià	动(v.)	19
坚持	堅持	jiānchí	动(v.)	2
坚定	堅定	jiāndìng	形(a.)	17
坚强	堅強	jiānqiáng	形(a.)	24
减肥	減肥	jiǎn féi	动(v.)	5
减少	減少	jiǎnshǎo	动(v.)	29
间接	間接	jiànjiē	副(adv.)	23
渐渐	漸漸	jiànjiàn	副(adv.)	26
健康	健康	jiànkāng	形(a.)	5
健身操*	健身操*	jiànshēncāo	名(n.)	5
健身房*	健身房*	jiànshēnfáng	名(n.)	5
建议	建議	jiànyì	动(v.)	2
将来	將來	jiānglái	名(n.)	26
讲价	講價	jiǎng jià	动(v.)	3

交	交	jiāo	动(v.)	10
交流	交流	jiāoliú	动(v.)	26
交通	交通	jiāotōng	名(n.)	29
骄傲	驕傲	jiāo'ào	形(a.)	25
脚	腳	jiǎo	量(m.w.)	13
教育	教育	jiàoyù	动(v.)	7
接	接	jiē	动(v.)	14
接受	接受	jiēshòu	动(v.)	20
结果	結果	jiéguǒ	连(conj.)	22
结婚	結婚	jiéhūn	动(v.)	18
结盟	結盟	jié méng	动(v.)	32
结束	結束	jiéshù	动(v.)	19
结账	結賬	jiézhàng	动(v.)	22
解决	解決	jiějué	动(v.)	29
解释	解釋	jiěshì	动(v.)	24
斤斤计较	斤斤計較	jīnjīn jìjiào		22
金子	金子	jīnzi	名(n.)	10
尽管……但是……	儘管……但是……	jǐnguǎn……dànshì……		17
近路	近路	jìnlù	名(n.)	11
近年来	近年來	jìn nián lái		28
经历	經歷	jīnglì	名(n.)	9
经验	經驗	jīngyàn	名(n.)	3
精力	精力	jīnglì	名(n.)	28
精神	精神	jīngshen	名(n.)	1
精神	精神	jīngshén	名(n.)	3
惊喜	驚喜	jīngxǐ	名(n.)	17
竞争	競爭	jìngzhēng	名(n.)	26
敬酒	敬酒	jìng jiǔ		27

生词总表

镜子	镜子	jìngzi	名(n.)	12
揪	揪	jiū	动(v.)	13
究竟	究竟	jiūjìng	副(adv.)	24
纠正	糾正	jiūzhèng	动(v.)	31
酒吧	酒吧	jiǔbā	名(n.)	6
久违*	久違*	jiǔwéi	动(v.)	16
久仰*	久仰*	jiǔyǎng	动(v.)	16
旧	舊	jiù	形(a.)	17
救命	救命	jiùmìng	动(v.)	9
举	舉	jǔ	动(v.)	30
卷儿	卷兒	juǎnr	名(n.)	15
绝对	絕對	juéduì	副(adv.)	5
绝望	絕望	juéwàng	名(n.)	9
军队	軍隊	jūnduì	名(n.)	30

K

开放	開放	kāifàng	形(a.)	18
开心	開心	kāixīn	形(a.)	4
看不起	看不起	kànbuqǐ		24
看来	看來	kànlái		26
慷慨	慷慨	kāngkǎi	形(a.)	22
靠	靠	kào	动(v.)	8
颗	顆	kē	量(m.w.)	10
可	可	kě	副(adv.)	23
可恨	可恨	kěhèn	形(a.)	26
刻骨铭心	刻骨銘心	kè gǔ míng xīn		17
客观	客觀	kèguān	形(a.)	32
客气	客氣	kè qi	形(a.)	2
肯	肯	kěn	助(aux.)	21

181

肯定	肯定	kěndìng	形(a.)	13
恐怕	恐怕	kǒngpà	副(adv.)	11
控制	控制	kòngzhì	动(v.)	26
口袋*	口袋*	kǒudai	名(n.)	12
口头禅	口頭禪	kǒutóuchán	名(n.)	23
扣	扣	kòu	动(v.)	12
扣眼儿*	扣眼兒*	kòuyǎnr	名(n.)	12
扣子	扣子	kòuzi	名(n.)	12
酷	酷	kù	形(a.)	7
夸	誇	kuā	动(v.)	27
宽度	寬度	kuāndù	名(n.)	29
困	困	kùn	形(a.)	1

L

垃圾桶*	垃圾桶*	lājītǒng	名(n.)	13
拉	拉	lā	动(v.)	11
来不及	來不及	láibují	动(v.)	11
拦	攔	lán	动(v.)	10
浪费	浪費	làngfèi	动(v.)	8
浪漫	浪漫	làngmàn	形(a.)	18
劳动者	勞動者	láodòngzhě	名(n.)	4
唠叨	嘮叨	láodao	动(v.)	26
老板	老闆	lǎobǎn	名(n.)	3
老太太*	老太太*	lǎotàitai	名(n.)	11
离不开	離不開	lí bu kāi		6
离谱	離譜	lípǔ	形(a.)	31
礼貌	禮貌	lǐmào	名(n.)	2
礼品	禮品	lǐpǐn	名(n.)	14
礼尚往来	禮尚往來	lǐ shàng wǎng lái		14

理解	理解	lǐjiě	动(v.)	15
理想	理想	lǐxiǎng	形(a.)	18
理由	理由	lǐyóu	名(n.)	31
力气	力氣	lìqi	名(n.)	1
立即	立即	lìjí	副(adv.)	30
立交桥*	立交橋*	lìjiāoqiáo	名(n.)	29
利益	利益	lìyì	名(n.)	32
俩	倆	liǎ		28
连忙	連忙	liánmáng		11
脸色	臉色	liǎnsè	名(n.)	3
恋人	戀人	liànrén	名(n.)	17
凉冰冰	涼冰冰	liángbīngbīng	形(a.)	15
亮	亮	liàng	形(a.)	5
聊天儿	聊天兒	liáotiānr		4
了解	瞭解	liǎojiě	动(v.)	6
邻居	鄰居	línjū	名(n.)	14
零钱	零錢	língqián	名(n.)	25
另	另	lìng	代(pron.)	2
另外	另外	lìngwài	代(pron.)	6
流	流	liú	动(v.)	7
路费	路費	lùfèi	名(n.)	4
路过	路過	lùguò	动(v.)	20
路口	路口	lùkǒu	名(n.)	10

M

麻烦	麻煩	máfan	动(v.)	11
麻将	麻將	májiàng	名(n.)	6
马虎	馬虎	mǎhu	形(a.)	21
骂	罵	mà	动(v.)	21

183

埋	埋	mái	动(v.)	20
埋怨	埋怨	mányuàn	动(v.)	22
满	滿	mǎn	形(a.)	22
满不在乎	滿不在乎	mǎn bù zàihu		19
满足	滿足	mǎnzú	动(v.)	8
猫眼*	貓眼*	māoyǎn	名(n.)	14
矛盾	矛盾	máodùn	名(n.)	26
没劲	沒勁	méijìn	形(a.)	23
没想到	沒想到	méi xiǎng dào		5
媒人	媒人	méirén	名(n.)	22
媒体	媒體	méitǐ	名(n.)	32
美好	美好	měihǎo	形(a.)	19
美女*	美女*	měinǚ	名(n.)	18
美容	美容	měiróng	动(v.)	8
美味	美味	měiwèi	形(a.)	8
门当户对	門當戶對	méndānghùduì		20
门铃	門鈴	ménlíng	名(n.)	14
门卫*	門衛*	ménwèi	名(n.)	31
梦想	夢想	mèngxiǎng	名(n.)	19
迷糊	迷糊	míhu	形(a.)	14
迷醉	迷醉	mízuì	动(v.)	17
秘密	秘密	mìmì	名(n.)	15
秘书	秘書	mìshū	名(n.)	19
面饼*	面餅*	miànbǐng	名(n.)	15
面前	面前	miànqián	名(n.)	7
描述	描述	miáoshù	动(v.)	28
民以食为天	民以食為天	mín yǐ shí wéi tiān		8
明明	明明	míngmíng	副(adv.)	31

生词总表

明确	明確	míngquè	形(a.)	23
明显	明顯	míngxiǎn	形(a.)	7
命运	命運	mìngyùn	名(n.)	18
模仿	模仿	mófǎng	动(v.)	20
抹	抹	mǒ	动(v.)	17
陌生	陌生	mòshēng		10
母爱	母愛	mǔ'ài	名(n.)	30
目标	目標	mùbiāo	名(n.)	23
目光	目光	mùguāng	名(n.)	12

N

拿……来说	拿……來說	ná……lái shuō		23
内容	內容	nèiróng	名(n.)	6
内向	內向	nèixiàng	形(a.)	16
内心	內心	nèixīn	名(n.)	24
难道	難道	nándào	副(adv.)	22
难看	難看	nánkàn	形(a.)	3
难受	難受	nánshòu	形(a.)	1
难忘	難忘	nánwàng	形(a.)	9
男子汉	男子漢	nánzǐhàn	名(n.)	24
嫩	嫩	nèn	形(a.)	15
能力	能力	nénglì	名(n.)	26
腻	膩	nì	形(a.)	8
年代	年代	niándài	名(n.)	6
年卡*	年卡*	nián kǎ	名(n.)	5
扭秧歌	扭秧歌	niǔ yāngge		6
女扮男装	女扮男裝	nǚ bàn nán zhuāng		20

P

排队	排隊	páiduì	动(v.)	4

判断	判斷	pànduàn	动(v.)	26
叛逆	叛逆	pànnì	形(a.)	26
陪	陪	péi	动(v.)	2
佩服	佩服	pèifú	动(v.)	6
配	配	pèi	动(v.)	12
配合	配合	pèihé	动(v.)	18
碰	碰	pèng	动(v.)	13
碰到	碰到	pèng dào	动(v.)	11
批评	批評	pīpíng	动(v.)	7
骗子	騙子	piànzi	名(n.)	10
拼命	拼命	pīn mìng		11
贫富分化	貧富分化	pín fù fēnhuà		32
平时	平時	píngshí	名(n.)	9
破	破	pò	形(a.)	25

Q

妻管严	妻管嚴	qī guǎn yán		14
期待	期待	qīdài	动(v.)	17
其他	其他	qítā	代(pron.)	5
千万	千萬	qiānwàn	副(adv.)	14
强调	強調	qiángdiào	动(v.)	17
强迫	強迫	qiángpò	动(v.)	26
墙	牆	qiáng	名(n.)	9
抢	搶	qiǎng	动(v.)	16
悄悄	悄悄	qiāoqiāo	副(adv.)	27
巧	巧	qiǎo	形(a.)	27
亲密	親密	qīnmì	形(a.)	16
亲热	親熱	qīnrè	形(a.)	28
侵犯	侵犯	qīnfàn	动(v.)	16

生词总表

青春期*	青春期*	qīngchūnqī	名(n.)	26
轻松	輕鬆	qīngsōng	形(a.)	6
情景	情景	qíngjǐng	名(n.)	25
情人*	情人*	qíngrén	名(n.)	18
请	請	qǐng	动(v.)	1
请教	請教	qǐngjiào	动(v.)	24
求婚	求婚	qiú hūn	动(v.)	20
驱赶	驅趕	qūgǎn	动(v.)	30
娶	娶	qǔ	动(v.)	19
去世	去世	qùshì	动(v.)	25
劝	勸	quàn	动(v.)	10
缺点	缺點	quēdiǎn	名(n.)	3
缺乏	缺乏	quēfá	动(v.)	23
却	卻	què	副(adv.)	7
群体	群體	qúntǐ	名(n.)	16

R

然而	然而	rán'ér	连(conj.)	16
然后	然後	ránhòu	连(conj.)	2
染	染	rǎn	动(v.)	30
让步	讓步	ràngbù	动(v.)	31
热乎乎	熱乎乎	rèhūhū	形(a.)	15
热闹	熱鬧	rènao	形(a.)	2
热水	熱水	rèshuǐ	名(n.)	1
人间	人間	rénjiān	名(n.)	9
人群	人群	rénqún	名(n.)	32
忍不住	忍不住	rěnbuzhù		1
认	認	rèn	动(v.)	13
任何	任何	rènhé	形(a.)	7

扔	扔	rēng	动(v.)	14
仍然	仍然	réngrán	副(adv.)	22
日记	日記	rìjì	名(n.)	19
日久生情*	日久生情*	rì jiǔ shēng qíng		17
入乡随俗	入鄉隨俗	rù xiāng suí sú		15

S

沙漠	沙漠	shāmò	名(n.)	30
刹车	刹車	shā chē	动(v.)	30
傻	傻	shǎ	形(a.)	9
善于	善於	shànyú	动(v.)	3
伤害	傷害	shānghài	名(n.)	10
伤心	傷心	shāngxīn	形(a.)	19
商场	商場	shāngchǎng	名(n.)	3
赏月*	賞月*	shǎng yuè		31
上班	上班	shàngbān		1
上当	上當	shàng dàng	动(v.)	10
上流	上流	shàngliú	名(n.)	32
上司	上司	shàngsi	名(n.)	27
烧	燒	shāo	动(v.)	19
奢华	奢華	shēhuá	形(a.)	32
设计	設計	shèjì	动(v.)	15
伸	伸	shēn	动(v.)	16
深(印象)	深	shēn	形(a.)	4
深(颜色)	深	shēn	形(a.)	12
神秘	神秘	shénmì	形(a.)	15
甚至	甚至	shènzhì	副(adv.)	4
牲畜	牲畜	shēngchù	名(n.)	30
生存	生存	shēngcún	动(v.)	32

生词总表

生意	生意	shēngyi	名(n.)	6
生育	生育	shēngyù	名(n.)	28
声音	聲音	shēngyīn	名(n.)	9
省事	省事	shěng shì		8
失去	失去	shīqù	动(v.)	23
十分	十分	shífēn	副(adv.)	20
时差	時差	shíchā	名(n.)	1
时代	時代	shídài	名(n.)	19
实践	實踐	shíjiàn	动(v.)	32
实现	實現	shíxiàn	动(v.)	19
食物	食物	shíwù	名(n.)	8
使用者*	使用者*	shǐyòngzhě	名(n.)	23
是否	是否	shìfǒu	副(adv.)	27
世纪	世紀	shìjì	名(n.)	6
事实	事實	shìshí	名(n.)	27
适应	適應	shìyìng	动(v.)	15
收废品*	收廢品*	shōu fèipǐn		25
收银员*	收銀員*	shōuyínyuán	名(n.)	24
受伤	受傷	shòu shāng	动(v.)	3
兽医	獸醫	shòuyī	名(n.)	21
受众*	受眾*	shòuzhòng	名(n.)	32
书院*	書院*	shūyuàn	名(n.)	20
数量	數量	shùliàng	名(n.)	29
帅	帥	shuài	形(a.)	12
帅哥*	帥哥*	shuàigē	名(n.)	18
睡懒觉	睡懶覺	shuì lǎnjiào		1
睡着	睡著	shuì zháo		5
顺便	順便	shùnbiàn	副(adv.)	31
说不定	說不定	shuōbudìng		9

189

说的一套,做的一套	說的一套,做的一套	shuō de yī tào, zuò de yī tào		24
说话不算数	說話不算數	shuōhuà bù suànshù		24
说明	說明	shuōmíng	动(v.)	16
司机	司機	sījī	名(n.)	4
思考	思考	sīkǎo	动(v.)	32
思想	思想	sīxiǎng	名(n.)	18
似乎	似乎	sìhū	副(adv.)	26
送礼	送禮	sònglǐ		14
俗	俗	sú		8
俗话	俗話	súhuà	名(n.)	8
速度	速度	sùdù	名(n.)	29
塑料袋儿	塑膠袋兒	sùliàodàir	名(n.)	14
酸	酸	suān	形(a.)	15
算了	算了	suàn le		19
算命先生*	算命先生*	suànmìng xiānsheng		20
算账	算賬	suàn zhàng	动(v.)	14
随便	隨便	suíbiàn	形(a.)	23

T

太极拳*	太極拳*	tàijíquán	名(n.)	5
贪婪	貪婪	tānlán	形(a.)	30
谈得来	談得來	tán de lái		20
谈恋爱	談戀愛	tán liàn'ài		19
躺	躺	tǎng	动(v.)	5
掏	掏	tāo	动(v.)	22
讨厌	討厭	tǎoyàn	动(v.)	22
套餐	套餐	tàocān	名(n.)	27
特意	特意	tèyì	副(adv.)	12
特征	特徵	tèzhēng	名(n.)	32

踢	踢	tī	动(v.)	13
提前	提前	tíqián	动(v.)	4
提醒	提醒	tíxǐng	动(v.)	18
体贴	體貼	tǐtiē	形(a.)	18
体现	體現	tǐxiàn	动(v.)	16
天真	天真	tiānzhēn	形(a.)	19
舔	舔	tiǎn	动(v.)	30
听说	聽說	tīngshuō	动(v.)	3
挺	挺	tǐng	动(v.)	12
同甘共苦	同甘共苦	tóng gān gòng kǔ		17
同事	同事	tóngshì	名(n.)	5
同意	同意	tóngyì	动(v.)	3
统一	統一	tǒngyī	形(a.)	29
痛苦	痛苦	tòngkǔ	形(a.)	21
透明	透明	tòumíng	形(a.)	13
土地	土地	tǔdì	名(n.)	29
推	推	tuī	动(v.)	9
退	退	tuì	动(v.)	25
脱	脫	tuō	动(v.)	12

W

外表	外表	wàibiǎo	名(n.)	24
外来人	外來人	wàiláirén		7
外向	外向	wàixiàng	形(a.)	16
完全	完全	wánquán	副(adv.)	5
完整	完整	wánzhěng	形(a.)	19
网络	網絡	wǎngluò	名(n.)	13
违反	違反	wéifǎn	动(v.)	30
唯一	唯一	wéiyī	形(a.)	30

委屈	委屈	wěiqu	动(v.)	31
为了	為了	wèile	介(prep.)	1
温度	溫度	wēndù	名(n.)	12
温柔	溫柔	wēnróu	形(a.)	18
文化	文化	wénhuà	名(n.)	7
握手	握手	wò shǒu	动(v.)	16
污染	污染	wūrǎn	动(v.)	29
无聊	無聊	wúliáo	形(a.)	23
无论……都……	無論……都……	wúlùn……dōu……		6
无奈	無奈	wúnài	形(a.)	31

X

西街*	西街*	xījiē	名(n.)	21
西装*	西裝*	xīzhuāng	名(n.)	12
吸引	吸引	xīyǐn	动(v.)	7
喜好	喜好	xǐhào	名(n.)	3
下岗*	下崗*	xià gǎng	动(v.)	31
显得	顯得	xiǎnde	动(v.)	8
显眼	顯眼	xiǎnyǎn	形(a.)	31
现实	現實	xiànshí	形(a.)	8
现状	現狀	xiànzhuàng	名(n.)	23
羡慕	羨慕	xiànmù	动(v.)	12
相反	相反	xiāngfǎn	副(adv.)	16
相亲*	相親*	xiāngqīn	动(v.)	22
香喷喷	香噴噴	xiāngpēnpēn	形(a.)	18
享受	享受	xiǎngshòu	动(v.)	8
像……这么……	像……這麼……	xiàng……zhème……		4
消费	消費	xiāofèi	动(v.)	32
消失	消失	xiāoshī	动(v.)	19

小看	小看	xiǎokàn	动(v.)	23
小气鬼	小氣鬼	xiǎoqìguǐ	名(n.)	22
小区*	小區*	xiǎoqū	名(n.)	27
小心翼翼	小心翼翼	xiǎoxīn yìyì		31
孝顺	孝順	xiàoshun	形(a.)	27
效果	效果	xiàoguǒ	名(n.)	32
校长	校長	xiàozhǎng	名(n.)	14
笑脸	笑臉	xiàoliǎn	名(n.)	25
笑嘻嘻*	笑嘻嘻*	xiàoxīxī	形(a.)	21
心理	心理	xīnlǐ	名(n.)	5
心酸	心酸	xīnsuān	形(a.)	32
信封	信封	xìnfēng	名(n.)	22
信号	信號	xìnhào	名(n.)	9
信任	信任	xìnrèn	名(n.)	32
兴奋	興奮	xīngfèn	形(a.)	12
行为	行為	xíngwéi	名(n.)	18
形成	形成	xíngchéng	动(v.)	23
醒	醒	xǐng	动(v.)	14
性	性	xìng	名(n.)	7
性格	性格	xìnggé	名(n.)	16
兄弟	兄弟	xiōngdi	名(n.)	20
修(路)	修(路)	xiū(lù)	动(v.)	29
袖口儿*	袖口兒*	xiùkǒur	名(n.)	12
需要	需要	xūyào	动(v.)	1
选择	選擇	xuǎnzé	动(v.)	11
炫耀	炫耀	xuànyào	动(v.)	27

Y

严格	嚴格	yángé	形(a.)	7

眼泪	眼淚	yǎnlèi	名(n.)	7
洋快餐*	洋快餐*	yáng kuàicān		15
养	養	yǎng	动(v.)	28
养老	養老	yǎnglǎo	动(v.)	28
样子	樣子	yàngzi	名(n.)	7
腰	腰	yāo	名(n.)	12
摇	搖	yáo	动(v.)	21
咬	咬	yǎo	动(v.)	15
要紧	要緊	yàojǐn	形(a.)	21
要求	要求	yāoqiú	名(n.)	7
也许	也許	yěxǔ	副(adv.)	3
业余	業餘	yèyú	名(n.)	8
夜生活	夜生活	yèshēnghuó		6
一……就……	一……就……	yī……jiù……		2
一般	一般	yībān	副(adv.)	5
一般来说	一般來說	yībān lái shuō		3
一方面……,另一方面……	一方面……,另一方面……	yī fāngmiàn……, lìng yī fāngmiàn……		26
一会儿……一会儿……	一會兒……一會兒……	yīhuìr……yīhuìr……		24
一见钟情	一見鍾情	yī jiàn zhōngqíng		17
一路上	一路上	yī lù shàng		11
一瞬间	一瞬間	yīshùnjiān		13
一下子	一下子	yīxiàzi	形(a.)	9
咦	咦	yí	叹(interj.)	12
遗物	遺物	yíwù	名(n.)	25
以及	以及	yǐjí	连(conj.)	28
意见	意見	yìjiàn	名(n.)	24
意识	意識	yìshi	名(n.)	16

隐私	隱私	yǐnsī	名(n.)	13
印象	印象	yìnxiàng	名(n.)	4
应酬	應酬	yìngchou	名(n.)	27
婴儿	嬰兒	yīng'ér	名(n.)	28
影响	影響	yǐngxiǎng	动(v.)	8
拥抱	擁抱	yōngbào	动(v.)	16
勇敢	勇敢	yǒnggǎn	形(a.)	24
勇气	勇氣	yǒngqì	名(n.)	3
用不着	用不著	yòng bù zháo		28
尤其	尤其	yóuqí	副(adv.)	32
由于……因此……	由於……因此……	yóuyú……yīncǐ……		29
邮递员*	郵遞員*	yóudìyuán	名(n.)	25
油条*	油條*	yóutiáo	名(n.)	15
有道理	有道理	yǒu dàolǐ		24
诱惑	誘惑	yòuhuò	名(n.)	26
于是	於是	yúshì	连(conj.)	21
与……相比	與……相比	yǔ……xiāng bǐ		8
郁闷	鬱悶	yùmèn	形(a.)	9
预订	預訂	yùdìng	动(v.)	27
遇到	遇到	yù dào	动(v.)	4
原来	原來	yuánlái	形(a.)	10
原因	原因	yuányīn	名(n.)	22
愿意	願意	yuànyì	动(v.)	17
约	約	yuē	动(v.)	5
月饼*	月餅*	yuèbing	名(n.)	31
月票*	月票*	yuèpiào	名(n.)	22
越A越B	越A越B	yuè A yuè B		16
允许	允許	yǔnxǔ	动(v.)	26

Z

灾难	災難	zāinàn	名(n.)	20
再三	再三	zàisān	副(adv.)	20
再说	再說	zàishuō	连(conj.)	29
再也没(有)	再也沒(有)	zài yě méi(yǒu)		5
在……下	在……下	zài……xià		32
在……中	在……中	zài……zhōng		6
咱们	咱們	zánmen	代(pron.)	14
脏话	髒話	zānghuà	名(n.)	7
糟糕	糟糕	zāogāo	形(a.)	1
早恋	早戀	zǎoliàn	动(v.)	26
责任	責任	zérèn	名(n.)	17
曾经	曾經	céngjīng	副(adv.)	7
增加	增加	zēngjiā	动(v.)	28
照	照	zhào	动(v.)	12
照顾	照顧	zhàogù	动(v.)	8
真诚	真誠	zhēnchéng	名(n.)	4
真实	真實	zhēnshí	形(a.)	30
真正	真正	zhēnzhèng	形(a.)	24
珍贵	珍貴	zhēnguì	形(a.)	30
振振有词	振振有詞	zhènzhèn yǒu cí		22
争论	爭論	zhēnglùn	动(v.)	31
挣	掙	zhèng	动(v.)	22
整个	整個	zhěnggè	形(a.)	25
整洁	整潔	zhěngjié	形(a.)	25
整理	整理	zhěnglǐ	动(v.)	25
整整	整整	zhěngzhěng	形(a.)	30
正常	正常	zhèngcháng	形(a.)	13

生词总表

正好	正好	zhènghǎo	副(adv.)	9
政府	政府	zhèngfǔ	名(n.)	29
执着	執著	zhízhuó	动(v.)	10
直(straightly)	直	zhí	副(adv.)	11
直(continuously)	直	zhí	副(adv.)	11
只顾	只顧	zhǐgù	副(adv.)	32
只好	只好	zhǐhǎo	副(adv.)	2
只能	只能	zhǐnéng	副(adv.)	11
只是	只是	zhǐshì	副(adv.)	21
只要……就……	只要……就……	zhǐyào……jiù……		5
只有……才……	只有……才……	zhīyǒu……cái……		8
纸条	紙條	zhǐtiáo	名(n.)	10
制造	製造	zhìzào	动(v.)	17
治	治	zhì	动(v.)	21
中秋节*	中秋節*	zhōngqiūjié	名(n.)	31
重	重	zhòng	形(a.)	12
主见	主見	zhǔjiàn	名(n.)	18
主意	主意	zhǔyi	名(n.)	27
属于	屬於	shǔyú	动(v.)	19
注意	注意	zhùyì	动(v.)	12
祝福	祝福	zhùfú	名(n.)	25
祝贺	祝賀	zhùhè	动(v.)	28
专门	專門	zhuānmén	副(adv.)	15
转	轉	zhuàn	动(v.)	4
转交	轉交	zhuǎnjiāo	动(v.)	10
转弯	轉彎	zhuǎn wān	动(v.)	11
传	傳	zhuàn	名(n.)	21
赚	賺	zhuàn	动(v.)	4

197

装作……的样子	裝作……的樣子	zhuāngzuò……de yàngzi	动(v.)	10
状态	狀態	zhuàngtài	名(n.)	23
仔细	仔細	zǐxì	形(a.)	15
自信	自信	zìxìn	名(n.)	23
自由	自由	zìyóu	名(n.)	16
自由自在	自由自在	zìyóu zìzài		28
自在	自在	zìzai	形(a.)	6
自尊	自尊	zìzūn	名(n.)	4
总是	總是	zǒngshì	副(adv.)	23
总之	總之	zǒngzhī	连(conj.)	13
组成	組成	zǔchéng	名(n.)	6
最后	最後	zuìhòu	副(adv.)	2
最终	最終	zuìzhōng	副(adv.)	19
醉	醉	zuì	动(v.)	14
尊重	尊重	zūnzhòng	动(v.)	4
遵守	遵守	zūnshǒu	动(v.)	29
左右	左右	zuǒyòu	名(n.)	1
左右为难	左右為難	zuǒ yòu wéinán		31
作揖*	作揖*	zuō yī		16

中国行政区划表

名　　称	简称	政府所在地	面　积 （万平方公里）	1999年底人口 （万人）
北京市	京	北京	1.68	1080
天津市	津	天津	1.13	959
河北省	冀	石家庄	19.00	6614
山西省	晋	太原	15.60	3204
内蒙古自治区	蒙	呼和浩特	118.30	2362
辽宁省	辽	沈阳	14.57	4171
吉林省	吉	长春	18.70	2658
黑龙江省	黑	哈尔滨	46.90	3792
上海市	沪	上海	0.62	1474
江苏省	苏	南京	10.26	7213
浙江省	浙	杭州	10.18	4475
安徽省	皖	合肥	13.90	6237
福建省	闽	福州	12.00	3316
江西省	赣	南昌	16.66	4231
山东省	鲁	济南	15.30	8883
河南省	豫	郑州	16.70	9387
湖北省	鄂	武汉	18.74	5938
湖南省	湘	长沙	21.00	6532
广东省	粤	广州	18.60	7270
广西壮族自治区	桂	南宁	23.63	4713
海南省	琼	海口	3.40	762
重庆市	渝	重庆	8.20	3075
四川省	川	成都	48.80	8550
贵州省	黔	贵阳	17.00	3710
云南省	滇	昆明	39.40	4192
西藏自治区	藏	拉萨	122.00	256
陕西省	陕	西安	20.50	3618
甘肃省	陇	兰州	45.00	2543
青海省	青	西宁	72.00	510
宁夏回族自治区	宁	银川	6.64	543
新疆维吾尔自治区	新	乌鲁木齐	160.00	1774
香港特别行政区	港	香港	0.1092	631
澳门特别行政区	澳	澳门	0.00235	
台湾省	台	台北	3.60	

中国地图

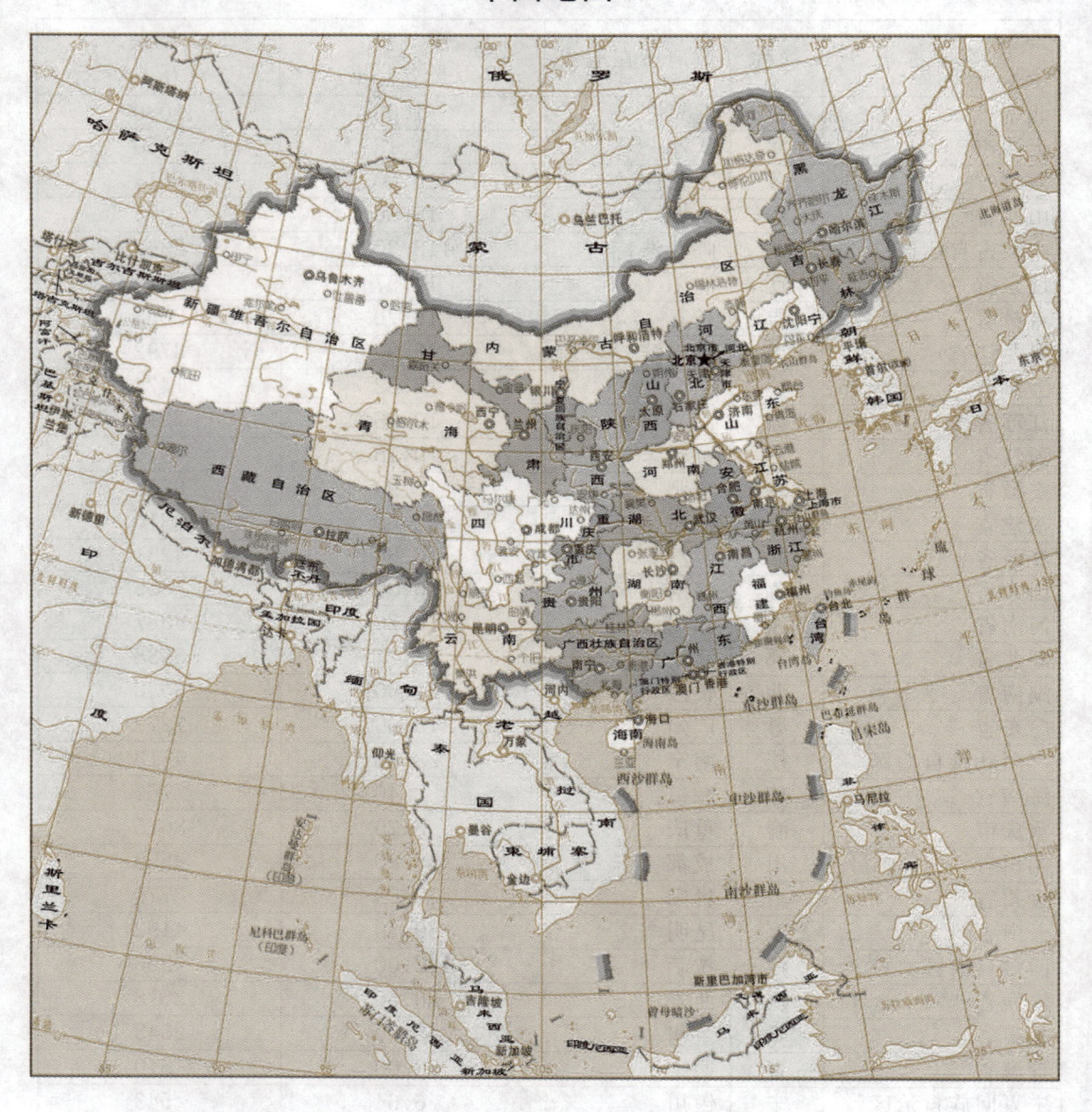

致 谢

对外汉语短期培训系列教材《走近汉语》《实践汉语》《感悟汉语》是在北京师范大学汉语文化学院领导的支持下立项并组织编写的。特别是张和生院长从教材立项到试用都给予了热情的支持，并对教材试用稿提出了宝贵意见。可以说，没有学院领导的支持与关怀，这套教材不可能在短期内顺利地编写，试用修改并最终完成。

这套教材在初稿完成后立即投入了试用，除了教材编写组的成员之外，汉语文化学院的数名教师也参与了这套教材的试用，并对教材存在的问题提出了宝贵意见。他们是：崔立斌、冯建明、王魁京、周奕、步延新。在此，我们编写小组全体人员谨向他们表示最诚挚的谢意。

教材的编写和试用过程也在很大程度上得益于研究生们的大力协助。2006级硕士生马思宇、江丽莉在教材编写之前协助做了大量的调研工作，2007级研究生谢婧怡、张君、李文慧、方菲在前期调研中做了大量的数据采集工作，这些工作使得教材编写得以在一个科研的基础上进行。2006级和2007级研究生陈迁、方菲、怀雅楠、李文慧、莫赛、居碧娟、乔媛媛、史新博、隋哲、仝昕昕、王堃、王小燕、杨福亮、谢婧怡、张日威、张君、赵敏、赵明等参与了教材编写中期的习题编制和生词翻译等工作，使得教材编写得以快速推进。他们中的一些人还参与了教材的试用，并在每周一次的集体备课过程中对教材修改提出了宝贵的意见。在此，我们编写小组全体人员谨向他们表示最真诚的感谢。

这套教材的顺利完成还要感谢那些给教材使用提供了平台的人们——教材的使用对象。美国加州大学九个分校的118名从零起点到高年级的学生，以及美国达慕思大学三年级的12名学生，都参与了本教材2008年暑期的试用，他们对教材编写的支持无疑也是巨大的。

北京师范大学出版社作为教材编写的组织者，为这套教材的出版提供了可能，尹莉莉、杨帆两位编辑从教材组稿到试用都付出了大量的辛劳。在此，我们向她们表示衷心的感谢！